交子

世界金融史的中国贡献

金博文化
出品

王申　王喆伟
著

中信出版集团｜北京

图书在版编目（CIP）数据

交子：世界金融史的中国贡献 / 金博文化出品；
王申，王喆伟著. -- 北京：中信出版社，2024.1
ISBN 978-7-5217-6287-7

Ⅰ.①交… Ⅱ.①金…②王…③王… Ⅲ.①纸币－
货币史－中国 Ⅳ.① F822.9

中国国家版本馆 CIP 数据核字（2023）第 251398 号

交子：世界金融史的中国贡献
出品： 金博文化
著者： 王申　王喆伟
出版发行：中信出版集团股份有限公司
（北京市朝阳区东三环北路 27 号嘉铭中心　邮编 100020）
承印者： 北京通州皇家印刷厂

开本：787mm×1092mm 1/16　　印张：17.25　　字数：220 千字
版次：2024 年 1 月第 1 版　　印次：2024 年 1 月第 1 次印刷
书号：ISBN 978-7-5217-6287-7
定价：69.00 元

版权所有·侵权必究
如有印刷、装订问题，本公司负责调换。
服务热线：400-600-8099
投稿邮箱：author@citicpub.com

目录

推荐序一　交子，近代金融文明的启蒙　王巍 // I
推荐序二　在放大的时空中认知宋代交子开启的纸币体系　朱嘉明 // V
学术导读　纪念北宋交子诞生一千周年兼论纸币发行约束问题　易纲 // XIII

引　子　前世今生：交子如何成为可能 // 001

　　货币如何成为货币 // 005

　　虚值货币的源与流 // 016

　　不稳定的大中等面额货币 // 034

第一章　起源：为什么是四川 // 043

　　天府之国 // 046

　　经济自由之地 // 060

　　不匹配的货币 // 066

第二章　生发：交子的诞生 // 079

　　富户、官府、交子 // 083

　　谁是交子的创造者 // 084

　　私营交子的基本制度 // 092

私营交子的失利 // 095

　　私营交子的性质 // 099

　　中西早期纸币对比 // 104

第 三 章　官营：交子走向财政前台 // 111

　　收归官营的波折 // 114

　　官营交子的基本制度 // 125

　　走出四川 // 133

　　交子与盐钞 // 156

第 四 章　混沌：宋徽宗时期的交子乱象 // 165

　　宋徽宗与蔡京 // 168

　　大变钱法 // 174

　　失控的钱引 // 180

第 五 章　延续：走向南宋 // 191

　　张商英的整顿 // 195

　　钱引在南宋 // 201

　　钱引的样式 // 208

　　其他四川纸币 // 215

第 六 章　启后：交子与后世纸币 // 219

　　作为纸币的理想模型 // 222

　　走出宋代 // 228

　　追寻最佳货币 // 231

附 录 一　交子的争议 // 233
附 录 二　金融博物馆简介 // 245

推荐序一
交子，近代金融文明的启蒙

王 巍

金融博物馆理事长

北宋交子的官方发行（1024年）标志着长期在民间流通的信用票据得到了政府的加持，从而诞生了世界上最早的纸币，这是中国金融业对全球同行的重大创新和历史贡献，也得到国际学界的共识。六百年后，瑞典才发行了欧洲第一张纸币（1661年），而最终主导欧美纸币制度的英格兰银行更是迟来者（1694年）。

近年来，中国学界对交子的研究成果迭出，包括交子的缘起、交子的功能与周转、对宋代以来的经济影响、对中国货币制度的演变等，非常丰富翔实，超越了曾长期掌握交子研究话语权的日本和其他海外学界。2023年3月，中国钱币学会在成都专门举办了纪念纸币诞生一千年的学术会议，达成关于交子的"四点共识"[1]，更是

---

[1] "一是北宋诞生于成都的交子是举世公认的世界上最早的纸币，是中国古代的一项伟大发明。千百年来，纸币的发明和使用，与造纸术、印刷术、指南针、火药这四大发明一样，在促进世界政治、经济、文化发展，推动人类文明进步方面起到了巨大作用，具有划时代意义。二是交子诞生日以益州交子务设立的时间为准，即天圣元年十一月二十八日（公元1024年1月12日）。三是传世的'千斯仓'版不是北宋交子印版，其真伪存疑。目前尚未发现公认的北宋交子及其印版实物。四是建议将纸币的发明列入中小学教材，与四大发明并列。"《中国钱币》杂志，2023年第2期。

一次意义重要的专业论坛。自2019年以来，金融博物馆与中国钱币博物馆联合主办了5次交子学术论坛，在成都成华区天府四川金融博物馆立了大宋交子碑（2020年），牵头推动了由16位全国政协委员联署的交子申请非物质文化遗产的两会提案。同时也委托两位青年学者王申和王喆伟主笔向大众介绍交子的专著。

利用作序的机会，我简要分享几点看法。

第一，交子创始于中国北宋，陆续影响了全球各地纸币的产生，是中国对全球金融业的历史贡献。交子在北宋的益州（今成都）首次发行（1024年），到南宋改为会子、关子或钱引（1160年），金朝仿效发行了金钞（1154年），元朝又继续印制中统钞（1262年），明朝又发行了大明宝钞（1375年）。特别是，在元朝统治期间，蒙古、印度、日本等地区也都陆续发行了当地纸币，之后经马可·波罗等旅行家的推介，欧洲开始发行纸币。目前的全球金融格局是基于地理大发现以来，欧美两大交易体系互相交融与巩固而形成的。纸币的观念和实践源于中国，与阿拉伯数字、非洲咖啡、拉美白银对西方的影响一样，都是对人类文明的伟大而深远的贡献，厥功至伟。

第二，交子三百年的兴衰演变，涵盖了几乎所有近代金融与经济文明的核心要素，交子可以称为近代货币与金融的基因。交子首先在民间被广泛接受，十六家成都当地富商的商业票据可以彼此背书转让，私交子体现了纸币和信用在市场交易中不可或缺的地位。1024年政府接管并发行官交子后，政府的权威和准备金制度奠定了纸币作为法币的地位。政府通过交子发行、兑付和更新等手段激励商业、经济活动和实现军事与政治目标，卓有成效，形成了货币政策的雏形。当然，无节制地滥发纸币也导致了未来恶性通货膨胀的爆发。交子与会子、钱引以及金元明清几朝各种纸币之间的参照与承继，对欧洲纸币的启蒙等，都体现了纸币的普世价值和代际价值。可以说，近代甚至当代货币与金融的重要观念、现象与实践都可以在交子演化历史上寻得踪迹与根源。

第三，交子（纸币）是金属币与数字币的承上启下核心阶段，是一千多年人类文明的要素工具。人类社会发展的不同阶段都有相应的支付工具产生，可以大体地描述为：农业社会基本是采用金银铜铁等金属作为货币的材质，商业与工业社会开始广泛运营纸币和信用工具，而我们当下的信息与智能社会将以数字货币和数字资产作为主流工具。不同的支付工具和提供服务的专业机构与交易市场，形成了不同的金融生态。研究交子金融生态，对理解和创新数字金融生态具有重要的现实意义。

最后，金融是术，也是道，更是文明要素。人类社会从部落交易开始，支付工具始终是完成交易和建立长期信任的核心手段。从贝壳、金银到纸币和数字货币，都是温情脉脉的文明面纱背后实实在在的商业制度安排，金融是工具的同时，也是驱动交易和经济社会发展的动力机制，更是巩固、充实和提升社会文明内涵的保证。如同阳光、空气和水一样，货币与金融都是当代社会不可或缺的文明要素。发现和发掘交子，就是发现和发掘现代金融和文明史。

交子是中国金融和全球金融的重要里程碑，发掘金融文明文化遗产，就是梳理民族理性与建立文化自信，对中国金融创新与金融安全意义重大。期待未来学者和业者做出更大的贡献。

2023 年 12 月

推荐序二

在放大的时空中认知宋代交子开启的纸币体系

朱嘉明

横琴数链数字金融研究院学术委员会主席

在宋代官交子正式发行和流通一千周年之际，王申和王喆伟的著作《交子：世界金融史的中国贡献》出版。这本书以世界金融历史的视角看待北宋交子的历史地位，值得肯定。我的序言，则试图通过在放大的时空中认知宋代交子所开启的纸币体系，希望有助于读者更为全面地审视北宋交子，理解北宋交子为什么是世界货币金融史的划时代创新。

交子开启了宋代长达二百五十年的纸币体系

现在更多的宋史专家接受这样的考证：宋仁宗下诏开始置办"交子务"的日期是天圣元年十一月戊午日，即公元1024年1月12日。事实上，在官交子之前，交子已经在民间流行。相关文献记载，在公元995年的宋太宗时代，川商王昌懿就已经开始使用类似交子的纸币了。

讨论官交子的核心是：交子开启了宋代约三百年的纸币体系，支撑了宋代的经济运行。宋代纸币体系大体分为三个阶段：1024—1107年的交子阶段；1107—1160年的钱引阶段；1160—1279年的会子阶段。在真实历史中，阶段是相对的，存在着交子和钱引，钱引和会子或短或长的并存时期。其间，还有可能插入其他纸币，例如绍兴元年（1131年）发行的"见钱关子"和绍兴二十九年（1159年）发行的"公据关子"。最值得注意的是，自绍兴三十年（1160年）开始至南宋覆灭广泛流通的"会子"，初为商办，后收归户部专办，从而具有全国性信用货币功能。所谓"东南会子"成为南宋中后期纸币的核心，而以铜钱为代表的金属货币仅仅是纸币的补充和辅助。

元朝建立，南宋覆灭之后，会子在被中统钞取代之前，还持续流通若干年。几乎可以肯定地说，如果南宋没有被蒙古人灭亡，"东南会子"大概率还会继续存在下去。

两宋：纸币得以创造和发展的根本原因

北宋于公元960年建国之前，中国经历了大约70年的五代十国分裂时期。五代十国最重要的历史遗产是通过江南开发和扩展，奠定了中国北方和南方均衡发展的历史格局。至五代十国末期，全国至少550万户，3000万人口。所以，北宋实施中央集权制度之后，全国迅速实现经济复苏，人口膨胀，商业繁荣。至北宋后期宣和六年（1124年），人口达到1.26亿。如果做全球性比较，在公元

12世纪，宋代的中国是世界最大的经济体，超过当时的塞尔柱帝国、朱罗王国、拜占庭帝国和神圣罗马帝国。

应该说，北宋开国至宋仁宗继位，日益强烈的货币需求进入拐点，金属货币不足以满足经济发展之需要，导致宋廷寻求铜钱之外的货币工具，四川民间的交子成了最为合适的选择。宋仁宗在位42年，形成了对纸币的"路径依赖"。宋仁宗时代，人口重新回到了5000万～6000万水平，经济持续繁荣，纸币的贡献是不可低估的。

宋仁宗死后三年，经短暂的宋英宗，进入宋神宗（1067—1085年在位）时期，王安石新法很快被实施。王安石新法的基本思想就是通过货币手段调整社会资源，变革政府管理社会的方式，实现政府财政税收的货币化和商业化。王安石之所以可以推行如此新法，折射出宋神宗时期的中国经济已经实现了相当程度的货币化。进入宋徽宗（1100—1125年在位）时期，国家铜矿资源枯竭，"钱荒"恶化。在宋徽宗的崇宁年间（1102—1106年）和大观年间（1107—1110年），蔡京主导了通过发行纸币刺激通货膨胀，缓和财政危机的改革。特别是大观元年（1107年），蔡京钱法改革，改"交子"为"钱引"，延续了宋代纸币的香火。后人基本否定蔡京的货币改革。但是，不得不承认，在当时的历史条件下，并没有更好的选择。

南宋早期和中期，伴随中国南方经济的恢复与发展，在货币制度方面，不仅继承了北宋的钱引，而且扩大了钱引发行规模。此外，财政、边防和战争之需要，两宋的对外贸易，包括宋金间的走私贸易，刺激铜钱货币外流，特别是向金国和日本流出，加剧了

"钱荒",不得不扩大纸币发行规模。

其中,边防和军事需要是宋代纸币得以演化的关键性原因。南宋国祚152年,始终难以摆脱战事的阴影,财政压力持续存在,形成财政依赖纸币,纸币财政化的体制。宋高宗(1127—1162年在位)有建炎和绍兴两个年号。绍兴元年(1131年)因婺州(治今浙江金华)屯兵,水路不通,运钱不便,便在婺州发行关子;至绍兴三十年(1160年),因为与金国战争,军事开支膨胀,创始会子,形成钱引和会子并行存在的纸币制度,而且逐渐废除纸币的"界制",实现纸币全方位地替代铜钱,成为全国性的主体货币。

总的来说,从北宋到南宋的三百多年,构建和运行的是以纸币为主体,辅之铜钱的货币制度,货币化程度不断深化,以持续温和的通货膨胀,抑制了经济萧条的威胁,并有效地缓和了频繁的财政危机。

宋最终未亡于经济和金融,亡于政治和军事。

两宋的外部地缘政治-货币环境:纸币圈和铜币圈

两宋的300余年,始终受制于复杂的外部地缘政治-货币环境。由此形成北部的纸币圈和东部/南部的铜币圈。

北部的纸币圈。经历了辽国(907—1125年)、西夏(1038—1227年)、金国(1115—1234年)和13世纪开始的大蒙古国。其中,辽国的货币经济比较落后,长期和普遍使用以布帛、羊为代表的实物货币,至于铜、铁铸金属货币,唐币、宋币比重高,本国铸币粗糙，且比重小。至于西夏国，并不是从立国开始就铸造钱币。之后，西夏仿照宋朝制定了钱币的设计、铸造、发行、流通等一整套管理规章制度，但是，所铸造的钱币有限，宋钱始终是西夏境内所流通的主要货币，成为西夏事实上的"法币"，折射出西夏对宋朝经济的依赖程度较高。

相比较辽国和西夏国，金国吸纳了宋朝货币制度的经验，构建了以纸币和金属货币并存的货币制度。金国纸币始于贞元初期（1154年）的交钞，至金章宗（1190—1208年在位）年间，交钞地位已经相当稳固："交钞的全国性货币化，流通范围向农民阶层的扩大，取代铜钱成为主要货币等现象，与流通期限被废除，作为储值贮藏手段的功能得到强化一样，都说明交钞较北宋的纸币更为发达的特征，说在该时期构成元朝货币政策、货币状况的诸要素都已具备，亦不为过。"[1]可以这样认为，自12世纪后期至13世纪初期，在东亚地区，已经形成了一个包括金国和南宋的纸币圈，该纸币圈幅员辽阔，人口众多。南宋中期人口为8500万，金章宗时期人口最盛，超过5600万，合计达到1.4亿。在这样的尺度上，对南宋和金国货币制度的地位产生全然不同的认知。

1260年，忽必烈自立为大蒙古国皇帝，发布称帝的即位诏书"皇帝登宝位诏"，正式建年号"中统"。忽必烈为了填补金国灭亡的空白，立即在华北地区发行"交钞"和"中统钞"。在之后近二十年间，蒙古新政权禁止黄金、白银和铜钱流通，其中统钞成为与南

---

[1] 高桥弘臣著：《宋金元货币史研究》，上海：上海古籍出版社2010年版，第81-82页。

宋互补的货币。从金国1234年灭亡到南宋1279年覆灭，中间的四十五年对于中国货币历史走向至关紧要。元朝与南宋战争期间，忽必烈允许在其占领区继续使用南宋货币，最后通过实施公平的中统钞兑换，完成了货币制度的大一统。

南宋和金国所奠定的纸币制度，为忽必烈继续实行纸币制度提供了基础。元代的中统钞本质上属于南宋和金国纸币的延续，支撑了元朝在货币制度上的平稳过渡。也正因为忽必烈的这个历史选择，中国最终没有被纳入以西亚为中心的金、银通货体制，元明清三朝走上了独特的货币演变路径。

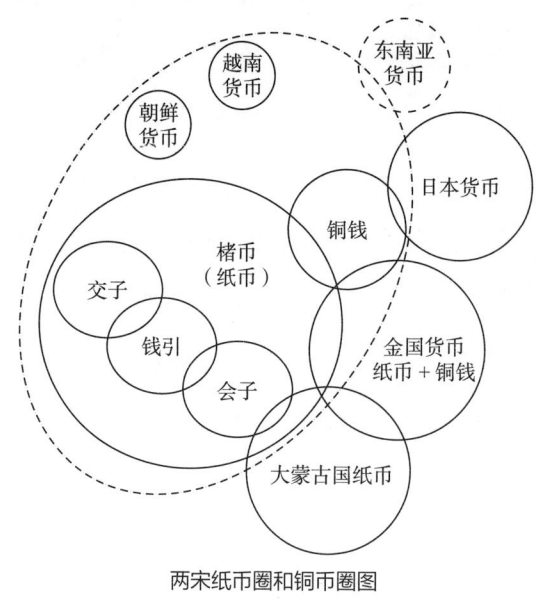

两宋纸币圈和铜币圈图

东部和南部的铜币圈。两宋时期，中国铜币成为东北亚、南亚、东南亚的硬通货。东北亚的高丽国和日本长期处于中国的铜币圈。高丽虽然出产铜，但在宋崇宁（宋徽宗年号，1102—1106

年）之前，不懂铸钱。崇宁之后，逐渐学习掌握了铸钱技术，开始铸造和使用铜钱，建立铸币系统。但是，由于铸造能力有限，铸造的铜钱质量也不如宋钱，宋钱是高丽境内长期的主要货币。中国隋唐时期的铜币已经流行于日本，宋钱在南宋覆灭之后的镰仓时代（1185—1333年），依然被市场接受。

宋代中国因为与南亚和东南亚（越南、柬埔寨、苏门答腊岛、爪哇、菲律宾）的朝贡关系或海外贸易，获得当地产品和输出铜币。宋代的海外贸易还到达波斯湾的阿拉伯地区，铜币成为贸易的中介。

世界经济史视角下的全球两大贸易体系和货币体系

如果以全球经济和金融史的视角看，全球存在一个以中国为中心的东半球贸易圈和东方货币体系，以及地中海贸易圈和古罗马为代表的西方货币体系。

东方的货币金融体系，发轫于春秋和战国时代，秦汉形成货币体制，成熟于唐，经宋元明的纸币演变，实现白银化转型，至清末币制改革融合于近代国际货币体系。代表中国古代金属货币的是汉代发行的五铢钱，代表中国纸币的是北宋的交子。

西方的货币金融体系，源于古希腊，代表铸币是琥珀金钱币，成熟于罗马帝国的盖维斯·屋大维·奥古斯都（公元前63年—公元14年）时期，最终形成金银铜三种金属货币并存的制度，延续于拜占庭，再经文艺复兴和美第奇家族、工业革命，形成贵金属以黄金为主体货币，白银辅之的货币体系。

以上两个货币体系，在历史上有过互动和影响的时期，主要集中在两个阶段。第一阶段：公元前2世纪至公元2世纪，罗马帝国与中国西汉和东汉通过海上丝绸之路，构建了贸易和金融的早期关系；第二阶段：公元7世纪、8世纪拜占庭帝国与唐王朝之间，构建以陆路为主要途径的贸易和金融的全盛阶段。

处于东方货币体系和西方货币体系之间的主要货币板块包括：古埃及，纳入罗马帝国的货币政治；阿拉伯帝国，长期通行金币体制，代表性金币是第纳尔（dinar）和迪尔汗（dirham）；古印度，实施的是金币和银币并行制度；俄罗斯形成独立货币制度较晚，直到8—11世纪，才完成从流通阿拉伯银币过渡到本国银币的过程。

比利时汉学家魏希德（1969年—　）在她的著作《宋帝国的危机与维系》中，提出了关于研究宋朝的历史、政治、疆域、朝廷和信息网络的不同维度。可以肯定地说，宋代货币制度本身就是一个复杂系统，有效维系了宋帝国多元维度和信息网络的联结，实在是举足轻重。

2023年12月

学术导读

纪念北宋交子诞生一千周年
兼论纸币发行约束问题

易 纲

中国人民银行原行长

货币起源于商品货币，是充当一般等价物的特殊商品，货币的出现使商品交换和市场经济的效率大大提高。货币经历了从商品货币（主要是贵金属货币）到信用货币的发展过程。信用货币经历了民间信用货币、国家信用货币、国家法币的发展过程。贵金属货币本身有价值，然后充当一般等价物去衡量其他商品的价值，大大提高了商品交换的效率。而纸币本身没有价值，纸币代表的价值要靠纸币发行过程中的一系列信用制度安排来体现，可兑换纸币的信用制度就是承诺用发行的纸币兑换金属货币，不可兑换纸币主要靠国家信用或中央银行制度来维系其币值的稳定。

北宋交子的发展历程

研究纸币最早且完整的案例是一千年以前诞生的北宋交子。交子是中国最早的兑换券，只要交付铁钱，便发给交子，随时可以兑现,但兑现时每贯收手续费三十文,即百分之三的手续费。

北宋交子的发展历史大致可分为三个阶段。第一阶段是自发产生阶段。北宋初期(10世纪末),在今天四川成都地区(益州),为解决铁钱携带不便等问题,有商家设立交子铺户,开出的兑换券即交子,也称私交子,这一阶段的史料记载并不是很详细,值得进一步研究发掘。第二阶段是政府许可下的大商户联合发行阶段(1010年前后)。针对自由发行产生的一些乱象,当地政府对交子铺户进行整顿,指定十六家富户联保特许经营发行交子,形成了类似行会的组织。此时交子已有统一的印制规格和发行制度,其货币职能得到了当地政府的承认。第三阶段是政府发行阶段。天圣元年(1024年),北宋朝廷设立益州交子务,交子的发行权转移到政府手中,由政府发行,也称官交子。

交子在经过一百多年的流通后,在北宋崇宁大观年间实行了币值改革,把交子改为钱引,钱引就是领钱的证书,也是兑换券的意思。在大观元年(1107年)正式改交子务为钱引务。大观元年第四十三界还是使用交子旧印,到大观三年的第四十四界才改用新的钱引印制。在交子存在的一百余年里,基本实行二至三年一界的分界发行(彭信威,1958年)。

交子存在了一百多年,在私交子阶段,交子是可兑换成金属货币的,即"见交付钱"。天圣元年成为官交子后,交子的可兑换程度越来越低。在庆历五年到七年(1045—1047年)发行第十二界时,交子制度发生了重大变化,之后交子逐步成为不可兑换的纸币,其贬值的速度也有所加快(高聪明,1999年)。

北宋交子的币值稳定安排

纸币根据其信用种类可分为两种：一种是可兑换成金属货币的兑换券；另一种是不可兑换的纸币，后者由国家政权强制流通，必须有国家信用支持。纸币从诞生的第一天开始就有一个如何约束发行的问题，交子作为最初的纸币，从一开始就设有一系列信用制度安排来支持其币值的稳定。

第一，发行限额和准备金制度。官交子发行有一个限额，开始每界是一百二十五万贯，有现金准备，是用四川通行的铁钱，要求每界三十六万贯，即现金准备大约为百分之二十八。发行限额和现金准备是保障兑付现金的制度安排，提高了交子的可信度。

第二，官交子是分界发行，界满以新交子换回旧交子，三年为界。当时三年一界是指三个年头，有些像中国的虚岁，可以理解为满两年就换界。用分界发行来管理交子累计发行的存量，不断地废除旧交子，使市场上流通的交子存量可控。私交子可以随时兑现。官交子按界发行，其可兑换程度却越来越差。

第三，交子也保持了一些飞钱的性质，即在一地出交子，在另一地购买商品或领钱。

南宋会子和"称提之政"

南宋发行的纸币会子一开始就是不可兑换的信用货币，是靠国家信用支撑的纸币。与交子主要在四川地区流通代表铁钱不同，会子主要在东南沿海流通代表铜钱。南宋会子也叫东南会子，起初也是民间开始发行的，叫作便钱会子。南宋名臣钱端礼主持临安府期间，将会子收为官营，后来钱端礼调为户部侍郎，由户部接办会子，时间大约是绍兴三十年（1160年）。会子在东南广泛流通，纳税和市场交易都可使用。会子作为纸币，其流通范围和对经济的影响远远超过北宋交子，几乎成了南宋的法币。

13世纪初，南宋财政困难，1201—1207年，有会子三界并行。嘉定初年（1208年），三界会子总数达一亿四千万贯。会子由于大量发行而不断贬值，旧会子已经贬值到五百文以下（何平，2019年）。当时人们用"称提"的概念来讨论纸币价值稳定问题。称提是指在不同物品之间达到一种对等平衡关系，比如会子是纸币，铜钱是金属货币，同时在流通，大量印会子造成其贬值，如何稳定会子价值，是称提之政要解决的主要问题。

我们来总结一下南宋政府是如何靠称提之政给会子以信用支持的。概括起来说，称提之政的主要内容有：在总量政策上增加金属货币的供给，用来回笼和减少纸币会子的流通量；在结构政策上规定会子的特殊用途，在纳税和购买大宗商品时强制使用会子。

第一，以货币和财政措施回收会子。以铜钱兑付会子，调整铜钱与会子的比例。当时的语言是"子母相权""虚实相称"。铜钱是母，会子（纸币）是子，母子所以相权也。如果会子没有铜钱相对应，则是"无母之子"，不符合母子相权原则。

第二，利用换界发行，以新兑旧，按成倍数的比率收回旧会子。比如嘉定年间，规定嘉定四年（1211年）新发行的第十四界会子，按1：2兑换第十一至十三界旧会子。后来第十八界会子以1：5兑换第十六界会子。类似政策至今仍在使用，不少现代国家在对抗通胀时，以新币换旧币，兑换时有抹去四个零的案例等。

第三，保证征税中有一定的会子比例。南宋著名的"钱会中半"的赋税征收方式就是一个典型，要求在纳税时铜钱和会子各占一半，以此来维持会子的支付能力和价值稳定。还有更细的结构性政策，比如"按亩征会"，凡有田一亩者纳会子一贯，再比如"品搭盐钞"，要求商人用盐钞购买食盐时必须品搭会子。这些政策类似于通货膨胀税的早期试验，而且在结构上使有田者、盐商等富人承担了更多回笼会子的成本。

第四，"阴助称提"，即通过抛售专卖物资或者行政许可资产来收回会子。这一政策有些像今天货币当局的公开市场操作，南宋政府通过出售黄金、官诰、度牒以及盐、茶、酒等重要生活物资的专卖许可权证来收回会子。

所有这些"称提之政"都是从会子发行和会子使用两方面调控的。一方面，由于财政压力，会子发行太多了，称提的重点是想方设法收回流通中的会子。另一方面，用政府权力规定会子的使用也非常重要。首先政府收税接受会子，然后在拍卖各种专卖权许可证时接受会子支付。这样从发行和使用两方面用国家政权赋予会子信用，起到了缓解会子贬值的作用，使会子在相当长的时期，在广泛的范围大规模使用，也在相当长的时期保持了会子币值的基本稳定，解决了大量财政问题，成为政府治理经济的有效工具。但历史上纸币走上政府发行的轨道后,由于财政赤字、战争军需、民间赈灾、官员腐败等,往往最终都走向滥发、大幅贬值的结局,逃不脱纸币不可持续的宿命。从交子、钱引、会子到蒙元中统钞,再到大明宝钞,虽然都有当时先进的信用支持制度安排,有的维持了上百年的广泛使用,但最终都走向了难以维系的结局。直到明朝万历年间(1580年前后),明朝内阁首辅张居正推行"一条鞭法"改革,实质上在全国范围内确立了货币和税收银本位制度,才给从宋初到明中叶六百余年的纸币伟大试验画上了句号,也深刻影响了之后二百年世界白银的流向。

应该指出,宋、元、明三朝在纸币广泛流通的同时,始终有铜钱伴随,是一种钱钞共存的流通制度,纸币的盛行并没有影响铜钱的重要地位。纵观中国几千年的货币史,铜钱始终处于重要地位,是老百姓日常市场交易使用的主要货币,在有些朝代官制铜钱管理得比较有序,有些朝代私铸铜钱泛滥。所以,从中国货币史的总括看,铜钱是一条重要主线。北宋也是铸造铜钱最多的时期之一。宋朝都市商业发达,客商数量巨大,因此宋朝的货币数量和铜钱数量也比前朝大大增加。北宋铜钱铸造额比唐朝增加十倍到三十倍(彭信威,1958年)。宋朝铸铜钱主要是在北宋,从考古出土和现存情况看,宋钱中百分之九十八是北宋铸造的,南宋钱只占百分之二。北宋铸造大量铜钱并出现了交子,说明当时货币需求增长很快,从一个侧面反映了宋朝都市商业和市场经济规模的快速增长。

宋代纸币试验的货币金融学启示

没有约束的纸币发行必然导致通货膨胀和纸币贬值，金本位和银本位可以是贵金属货币的本位制度，也可以用来约束纸币的发行，可以通过制定纸币的含金量或含银量来实现，即建立纸币兑换金银的承诺机制。这种兑换承诺在一段时间是硬承诺，在大多数历史时期则是软承诺，即实际上兑换金银的可操作性较小，也可以理解为交易成本很高。

在中国古代货币思想史上，历代王朝试图垄断货币发行的思想长期占主导地位。官员们不仅主张朝廷垄断货币发行，而且把货币发行作为维护社会经济秩序的重要手段。从史料上看，宋、元、明三朝大一统政府都试图发行纸币作为官方信用货币，因为发行（印制）纸币的成本最低，纸币也最能反映官方政治意图，不受贵金属存量和增长的限制。从货币发行和维护的主要职能看，朝廷首先考虑的是完纳赋税，货币成为确认国家政权和老百姓关系的工具，而货币作为市场交易中介的考虑被放在次要位置。产生这一主导思想的历史环境是，我国历史上的大一统政府在设计和制定纸币发行制度时采用的是大一统框架，和欧洲历史上存在多国在货币铸造发行上有制度性竞争的格局完全不同（我国春秋战国时期也存在多国发行货币，从而有制度竞争的局面）。但国家发行纸币都逃不脱财政滥发导致货币贬值和通货膨胀的魔咒，也就是说纸币发行最终还是受到了自古以来就有的经济规律的约束。

交子和会子产生在宋朝绝非偶然。许多史料和证据表明，宋朝是我国历史上在科学技术、文化艺术、都市商业和市场经济等方面最发达的时期之一，最直观的证据包括《清明上河图》。市场的发达要求社会有相当程度的劳动分工，有相当比例的产品是商品且以在市场上出售为目的。商品交换以确立物权为前提，要有相当程度的法律体系和规则来保护市场交易的合法性和可预期性。在中国几千年的历史上，宋朝无疑是各朝代中市场经济的佼佼者。至于外部竞争，宋朝遇到的外部竞争非常激烈。北宋面对辽，南宋面对金，西北边还有西夏。在中国的编年史上，北宋和辽并列，南宋和金并列，是同时存在的，战争不断。历史上，大一统政府面对外部竞争的首要考虑往往是如何一统天下，所以外部竞争主要反映在政治上和残酷的军事战争上，经济上主要考虑的是资源占有，经济制度和货币发行方面的竞争是次要的。在面对外部强敌时的主导竞争逻辑是一统天下的军事逻辑，而不是在和平共存的基础上进行经济贸易货币制度竞争的逻辑。

一种好的、可持续的、有利于经济稳定和增长的货币制度是在有约束的条件下竞争出来的，全球历史上各种精美的贵金属货币（金币、银币和铜币）是多个国家竞争出来的，由制度设计来保障的货真价实的货币，会在市场竞争中赢得地位，尽管有时以被老百姓珍藏的良币为表现形式。金本位、银本位的制度安排也是竞争出来的。货币的竞争力和贸易摩擦，关乎战争与和平，所以二战后才有了布雷顿森林体系的安排。目前，大多数国家都采用把纸币作为国家信用货币（法币）的制度安排，这需要明确货币政策的目标是保持币值的稳定，因此建立和完善现代中央银行制度十分重要。

交子的重要意义及研究方向

交子是我国历史上重要的金融创新,交子之后又陆续出现了钱引、东南会子、蒙元中统钞和大明宝钞等一系列纸币,直到明朝中期之前,纸币一直在我国的货币体系中扮演着重要角色。从全球范围来看,交子也是从商品货币制度向符号货币制度转变的一个重要里程碑,为其他国家提供了参考。交子出现后,波斯、印度、日本、高丽等国也都发行了纸币。可以说,北宋以来的纸币创新是中国对人类货币史的重要贡献。

在研究交子历史贡献的过程中,需要注重对细节的把握,主要包括以下三个方面。

一是要特别关注私交子背后的商业信用。在最初的自由发行时期,即私交子阶段,这些交子实际上是私人发行的"交易票据",可以对应成英文的 Exchange Bills。交子这张纸本身没什么价值,它代表的价值依赖于其背后的商业信用,也就是交子铺户的信用,这种信用又依赖于交子持有者在需要时可将交子成功兑换回金属货币的稳定预期。而且,交子铺还发现,如果不是所有人都同时提款,就可以额外多发一些交子,这进一步加强了交子的信用货币特点。在后续的联合发行阶段,交子的价值基础仍然是十六户富商的商业信用,即在政府首肯下的商业协会信用。民间市场基于商业信用发行兑换券,并以此为基础形成交易票据,进而作为纸币进行流通,成为商品买卖的支付凭证,这一转变意味着将商业信用用于支付交易,相较于支付金银铁钱而言具有重大进步意义。

二是在益州交子务设立后，交子背后的商业信用转变为政府信用，即官交子阶段。以国家政权为依托发行纸币具有重要意义，这改变了交子的性质，具有政府背书等好处。正是由于以政府信用为背景，制定了一系列对交子的信用支持制度，不断解决交子出现的失信等问题，才有交子持续了一百多年的伟大历史。但发行权转移到政府手中后，交子也开始面临财政性超发问题，一旦发行数量脱离控制，交子就会贬值。这也是纸币被普遍使用以后，全世界政府面临的共同难题，即信用货币发行的约束问题。这里以北宋交子和南宋会子为例，对约束纸币发行和维护币值稳定的制度安排和政策措施进行了初步分析。

三是关于交子需要考证的一些细节问题。交子的起源是不是作为存款收据而开出的需要进一步考证。交子作为大宗交易的支付手段，其准备金率、流通量、支付量、兑现折扣率、流通范围等细节都很重要，值得着重考察研究。比如，交子用于交易或兑现的比例各占多少，一张交子在生命周期中作为支付手段被交易了几次，交子用于在四川北部边界购买粮食、食盐、皮货等时如何背书转让，交子从四川进入陕西、甘肃流通最后回到四川能否兑现，交子的信用支撑是怎么发展演变的，等等。

官交子从发行到2024年整整一千年了，交子之所以伟大、重要，是因为它开启了人类货币史上纸币作为信用货币的伟大试验。交子所遇到的问题和制度建设，在人类信用货币史上有共性，其成功和失败的经验对货币政策和币值稳定措施有着重要的借鉴意义。交子及其之后的纸币实践，对诸多货币理论和实践问题有深刻的影响，比如准备金制度、纸币换界、汇兑、真实票据、通胀预期、劣币驱逐良币、货币数量论、公开市场操作、货币政策和财政政策的配合、反通胀政策等重要课题在交子的研究中都可以得到宝贵的启示，这正是我们今天纪念交子诞生一千周年的意义所在。

2024 年 1 月

参考文献：

[1] 高聪明.宋代货币与货币流通研究.石家庄：河北大学出版社，1999.

[2] 贡德·弗兰克.白银资本：重视经济全球化中的东方.刘北成，译.北京：中央编译出版社，2008.

[3] 何平.传统中国的货币与财政.北京：人民出版社，2019.

[4] 黑田明伸.欧亚大陆的白银时代（1276—1359 年）——可公度性和多样性[J].高聪明，译.思想战线，第 6 期，2012.

[5] 云南大学中国经济史研究所，云南大学历史系.李埏教授九十华诞纪念文集.昆明：云南大学出版社，2003.

[6] 彭信威.中国货币史.上海：上海人民出版社，1958.

[7] 邱永志."白银时代"的落地.北京：社会科学文献出版社，2018.

[8] 万明.明代财政体系转型——张居正改革的重新诠释[J].中国社会科学报，2012.

[9] 万志英.11—18 世纪中国的货币与货币政策[J].王文成，译.思想战线，第 6 期，2012.

[10] 王巍.金融可以创造历史.北京：中国友谊出版社，2021.

[11] 威廉·N.戈兹曼，K.哥特·罗文霍斯特.价值起源：改变世界的

金融创新,金融市场和金融工具是如何兴起的. 王宇,王文玉,译. 北京:万卷出版公司,2010.

[12] 杨君、张安昊."千斯仓"版、"行在会子库"版考辨. 中国钱币,第 4 期,2023.

[13] 中国钱币学会. 成都会议共识. 中国钱币,第 2 期,2023.

引子
前世今生：交子如何成为可能

对于今天人们的日常生活来说，货币无疑是不可或缺的重要物品。与以前需要在钱包里携带不同面额的纸币、硬币、银行卡以应对不同交易数额、不同交易场景相比，手机应用支付的出现使人们持有和使用货币的形式更为灵便。尽管纸张、金属等具象化的货币形制越来越稀见，货币经常性地表现为一串串液晶屏幕中显示的数字，以至于许多人对前几年新改版的人民币几无印象，但这并不表示货币离我们越来越远。相反，智能手机、高速移动网络的普及和金融创新带来的货币形态变化，恰恰使得货币更为广泛而深刻地进入各种交易场景，拉平地域间和人们观念上的各种参差差异，使得货币无处不在、无所不能、无比通畅。

举例而言，江浙沪地区喜用硬币、北方喜用纸币的区别渐渐无人再提；买家手中仅有百元大钞却想去报刊亭购买一份《参考消息》，卖家对大额找零面露难色，甚至拒绝交易的尴尬逐渐减少；从店主到摊贩，持有并高频使用验钞机者越来越罕见，菜场小贩收到大额假币痛哭流涕的新闻报道变得少了。对于多数人而言，如此巨大的变化主要是由货币形态和支付方式的变化带来的。现在出门可以不带钱包，却不能不带手机。便利的另一面，是由高度依赖性带来的深度绑定。

千年前的北宋王朝同样经历过一场深度的"货币革命"，中国上千年来多用铜钱，甚至以铜钱为唯一主币的习惯，出现了松动的迹象。本书的主角——纸币交子在北宋民间和国家力量的共同推动下登上历史舞台，开启了两宋、金、元、明、清等朝代发行和使用纸币这一在世界范围内独具特色的恢宏历史。

今天的中国人或多或少地知道纸币是由古代中国人发明的；对历史更为熟悉者，则可能知道最早的纸币叫作交子，是宋朝的四川人发明的。研究货币问题的中外经济学者亦没有忽视交子的重要意义。翻开一本货币学专著或教材，作者在追述纸币历史时或多或少地会点出千年前的宋朝已流通一种名为交子的纸币，通常还会直白地表示宋人发明交子与西欧出现纸币之间的时间跨度令人吃惊。

虽然交子的意义在多种场合中被人反复强调，但人们对它的了解恐怕难称深入。除了"交子""纸币""宋朝""四川"等几个关键词，除了"伟大""创新""进步"等几个定性词语，交子的前世今生、性质功能、发展历程、优势缺陷仍然未能走出历史学者的论文和专著。人们听说它伟大，却不明白它为什么伟大，甚至连它是什么都未必知道。许多货币学专著和教材对于欧洲历史的叙述，经常以货币发展的历程为主线，由此展开相关货币理论的论述；对于交子，虽然强调其时间早、意义大，有时还较为仔细地介绍一番，但却更多地把它作为主线之外的奇闻逸事置于一旁。交子与当代纸币的运行机制自然差异巨大，可早期西欧纸币与当代纸币也不是一回事。

知其然，更须知其所以然。交子不仅仅是一个遥远的历史名词，还是在历史上发挥过深刻影响、展现了古人智慧的创新性制度，在古今时空交融中具有贯通性意义。时值交子诞生千年，我们理应立足于本土经验和学术前沿，更好地梳理属于交子自己的历史和机理，回顾和总结世界货币发展历程中的中国经验、中国贡献、中国理路，以史为鉴，定位当下，参与未来。

货币如何成为货币

众所周知，传统中国流通货币的历史极为漫长，曾经流通的货币种类也十分丰富。在中国乃至世界货币的发展过程中，交子无疑是其中颇为亮眼的成果。从生成路径上看，交子固然是宋人创新性十足的发明创造，却并非凭空产生。从研究宋史的立场出发，交子是北宋民众与官方在长期的经济、财政实践中探索出来的产物；以历史演进的宏大视角来看，交子的出现则与中国历代货币、经济、财政的经验积累和理论阐发密不可分。

深入认识和理解交子不能只停留在泛泛而谈、大而化之的层面，需要重审货币理论，回归历史场景。货币是什么、货币的根本意义是什么等看起来被无数人翻来覆去讨论过的问题仍然值得认真思考和总结。否则，交子的性质是什么、交子为什么在宋朝产生、为什么能够以纸张而非金属作为交子的原材料等问题就不可能得到比较完满的解答。

1. 货币进化论

在纷繁复杂的货币理论中，有一种被称为货币进化论的学说曾经产生很大的影响力。该学说由德国历史学派经济学的学者提出，他们按照货币的使用情况，将社会经济发展阶段分为若干形态。以代表人物希尔德布兰德（B. Hildebrand）的观点为例，他认为社会经济发展先后经历了自然经济、货币经济、信用经济三个阶段。在自然经济状态下，物物交换占主流；在货币经济时代则以金属铸币为交易媒介；而在信用经济时代，信用关系成为市场交易中的重要因素。[1]因此，货币使用状况本质上是社会经济发展程度的指示器。

该学说之所以被人称为货币进化论，显然是由于其中包含了这样的预设：社会经济形态越来越进步，货币形态因而越来越高端。这一说法看起来很有道理，我们闭上眼睛回想世界经济的发展和货币形态的变化，似乎的确如希尔德布兰德所言。就拿中国古代经济来说，不也大致经历了物物交换、铜钱、白银、纸币的演化过程吗？至于宋人使用纸币，那是因为宋朝经济特别发达，只是货币发展中的一个高峰与特例。实际上的确有不少人将宋朝纸币视为信用经济的某种表现形式。

---

[1] B. Hildebrand, Naturalwirthschaft, Geldwirthschaft und Creditwirthschaft, *Jahrbücher für Nationalökonomie und Statistik*, Vol. 2 (1864), pp. 1-24.

如果宋朝人听到上述言论，大概会十分感谢今人如此肯定他们的经济水平。宋人固然对本朝经济水准颇为自信，认为远超辽代、西夏，如今得到该朝经济是整个中国古代高峰的评价，自信与自豪自然是更为激发。可从学理上分析，希尔德布兰德的学说未必没有可议之处。因为货币形态与社会经济形态的对应关系更多地基于"感觉"而非严格的论证：放眼全球，货币形态极为丰富，哪怕只观察历史时期的某时某地，不同形态，甚至所谓高级和低级的货币也经常同时流通；世界各个文明在"大航海时代"来临之前主要以独立发展的形式存在，因此不同文明的社会经济形态及其演变路径绝无可能等同。货币形态与社会经济形态，真的能完全对应吗？或者说，货币形态的变化是否还受到其他重要因素的影响？

2. 古人如何认识货币

许多中国古典文献十分强调货币和贸易，《汉书》是继太史公司马迁《史记》之后的另一部史学杰作，主要记载西汉历史，作者是东汉史学家班固等人。《汉书》开中国古代史书诸多风气之先，在财政经济方面的突出贡献是首次出现了《食货志》篇目。从《汉书·食货志》开始，食货志被历代正史所继承，成为正史中记载某一王朝财政经济制度和史事的"标配"。在《汉书·食货志》中有一段对早期中国财政经济体系和货币形态的总括性解释：

《洪范》八政，一曰食，二曰货。食谓农殖嘉谷可食之物，货谓布帛可衣，及金刀龟贝，所以分财布利通有无者也。二者，生民之本，兴自神农之世。"斲木为耜，煣木为耒，耒（吕）〔耨〕之利以教天下"，而食足；"日中为市，致天下之民，聚天下之货，交易而退，各得其所"，而货通。食足货通，然后国实民富，而教化成……禹平洪水，定九州，制土田，各因所生远近，赋入贡棐，楙迁有无，万国作乂……财者，帝王所以聚人守位，养成群生，奉顺天德，治国安民之本也……是以圣王域民，筑城郭以居之，制庐井以均之，开市肆以通之，设庠序以教之；士农工商，四民有业。学以居位曰士，辟土殖谷曰农，作巧成器曰工，通财鬻货曰商。圣王量能授事，四民陈力受职，故朝亡废官，邑亡敖民，地亡旷土。①

这段300余字的史料有些长，读起来也比较拗口。之所以将它原原本本地摆放在这里，在于这段史料确确实实提到了诸多极为重要的理念，这些理念又被后代的学者、官员乃至帝王所继承，成为奠定古人理解、设计中国古代财政经济体系的基石。

在《汉书·食货志》的作者看来，经济包括"食"与"货"两个部分，这也是"食货志"得名的由来。从上文的归纳看，简单来说，"食"就是粮食等可供食用的农产品，"货"则是布帛等手工业制品和金刀龟贝。如果说"食"的部分大体性质相同，"货"中的布帛与金刀龟贝的性质就不太一样了。前者可供穿衣，后者则是不可食用、不可穿戴之物，看起来对生存毫无价值可言，而《汉书》

---

① 班固：《汉书》卷二十四上《食货志上》，北京：中华书局1962年版，第1117—1118页。

则指出这些物品能够"分财布利通有无",与其他属于"食"和"货"的物品同为生民之本。

所谓"分财布利通有无",指的是分配财利、互通有无,使天下的经济资源较为顺滑地流通、流动起来。换句话说,金刀龟贝能够让农产品和手工业产品"运动"起来,减少因物资流通不畅而形成的沉积或短缺。因此,无论对于统治者调动国家财政资源,还是商人贩卖贸易,金刀龟贝都是不可或缺的重要工具。用现代学科的话说,金刀龟贝显然属于货币的范畴,"分财布利通有无"正是货币在经济中的核心作用。太史公司马迁也有类似的看法,他在《史记·平准书》中写下"农工商交易之路通,而龟贝金钱刀布之币兴焉",同样将"龟贝金钱刀布"看作货币。[①]

那么,为什么会产生货币呢?

我想先介绍一种流行于许多现代人观念中的说法。这种说法视交换为人类的某种本能和基本需求,货币则是交换扩大的必然产物。例如,不少货币学专著和教材在介绍货币起源时会提及一个交换逐渐扩大、货币逐渐形成的过程。

人类从很早的时候就需要交换。虽然交换是人类的本能,但早期社会的经济发展水平十分落后,绝大多数人仅凭自给自足的形式便可以满足大部分需求。因此交换的内容十分简单,频率也不高。例如,我手里有羊,你手里有斧子。恰好,我想要你的斧子,你想要我的羊。于是我们双方约定好价格展开了一次交换,最终用一只

[①] 司马迁:《史记》卷三十《平准书》,北京:中华书局1982年第2版,第1442页。

羊换了三把斧子。后来交换扩大了一些，出现了第三个人，他手中持有布匹。此时我想要布匹，你想要羊，他想要斧子，我们三人无法同时两两交易，只能做一次三方交易。通过讨论，我们形成了一个价格等式：一只羊＝三把斧子＝两匹布。如果交换进一步扩大，参与交换的人和物品逐渐增多，理论上这个价格等式可以变得无限长。但无限长的价格等式、人数无限多的多方交易很显然不切实际，即使真的做起来，也会把交易这件事变得无比烦冗，某些物品在交易者自觉或不自觉的选择下渐渐从众多物品中脱颖而出，用于衡量其他物品的价格，有时还直接作为支付的工具。这些脱颖而出的物品便是货币。学者们对于货币的概念并无统一意见，某些学者对货币的定义更为苛刻。但至少可以说，这些特殊的物品具有了某些货币职能。

如上说法经常被学者提及，以至于经常被默认为不需要证明。问题是，该说法的叙述并不是基于历史和考古的，而是纯粹的逻辑推导的结果。因此它不是一段中性的叙述，而包含了至少以下两个理论预设：首先，人人都需要交换，且人人都需要用我们熟悉的市场交易的形式来交换物资；其次，交易是自发的，交易的扩大、货币的使用也是伴随着交易的发展而自然形成的。

历史上的交换真的都遵循这两个理论预设吗？如果还有某些其他的交换形式，那么货币的产生路径是不是也就有其他的可能？

随着学者们不断深化历史和考古研究，许多反例已被找到。例如，一些以古埃及经济为研究对象的前沿研究指出，古埃及的货币是国家为征税、赏赐、分配等财政需求创造出来的，并非自发形成。因为古埃及经济以再分配体系为核心，服务于中央集权和宗教统治，所谓自发的市场交易并非主流经济形式。普通民众或无须交易，或仍然主要采用以物易物的交换形式。尽管古埃及人在商品交易中已能运用斯努银、德本铜和赫尔谷物等记账单位估算，但几乎只使用谷物作为支付工具。记账单位之间的换算比率由国家规定，国家制定比率的出发点在于顺利实施征税等财政行为，而不是让货币在市场中顺畅流通。至于古埃及为何铸造并流通货币，则还有几种猜测：流入古埃及的外来铸币刺激了本土铸币的出现；受雇于古埃及的希腊雇佣兵习惯于希腊铸币，而不愿意接受古埃及的实物薪水，法老不得不铸造钱币，以便为希腊雇佣兵发放薪水。[1]

古埃及的例证从历史维度讲述了经济形态和货币起源的其他路径。如果一定要追寻货币真正的起源，古埃及的历史似乎仍然不够久远，不足以彻底说明问题。但古埃及作为世界历史长河中最悠久、最璀璨的文明之一，其经济形态和货币使用形式应当足够提示人类经济文明存在的多种可能性。

从理论上挑战这一说法的研究也有不少。我想特别介绍一位非常有名的匈牙利经济学家卡尔·波兰尼（Karl Polanyi），他对于工业革命之前的传统经济有非常深刻的研究。波兰尼的代表作《大转型》(*The Great Transformation: The Political and Economic Origins of Our Time*，又译《巨变：当代政治与经济的起源》)已经有若干个

---

[1] 袁指挥：《古埃及铸币始于托勒密王朝之前》，《中国社会科学报》2017年10月16日；郭丹彤、陈嘉琪：《古代埃及经济体系呈现独特性》，《中国社会科学报》2020年12月7日。

简体中文译本，我们很容易在市面上和图书馆里找到。波兰尼在货币研究方面的一个很重要的贡献，是指出交易、市场、货币这三种活动或工具在传统经济中往往不是同时产生的，也不一定相互配合发挥作用。三者产生的时间不同，服务的对象不同，在经济中的重要性更不同，彼此之间不仅不一定配合，还反而可能相互掣肘。只不过现代市场经济兴起之后，三者才看起来其乐融融地合为一体，成为现代市场经济的基本要素。回到古埃及的例子，很显然货币、交易两者的形成原因不同，且不是互相服务、互相促进的。[①] 至于交易中又有多少以市场的形式来实现，我想各位可以做进一步的思考。总之，比例肯定没有我们熟悉的现代经济高。

领略了一圈其他文明和理论的风貌后，让我们再次回到《汉书·食货志》文本。班固等人从国家、朝廷、皇帝的角度来撰写《汉书》这部正史，使得这本书带有比较浓厚的官方立场。尽管如此，班固等人的总结毕竟反映了不少历史事实，至少在他和官方看来，经济与货币的产生过程、组成部分就应该是自己笔下撰写的那样。《汉书·食货志》提到"禹平洪水，定九州，制土田，各因所生远近，赋入贡棐，楙迁有无，万国作乂"，从"平洪水"到"万国作乂"的诸多功绩，都是以禹为代表的统治集团作为的成果。我们需要特别关注的是"赋入贡棐"和"楙迁有无"这两块经济方面的内容。《食货志》作者于此处采用了"食"与"货"之外的说法。由于古代赋税主要是以农业税为代表的直接税，农产品多直接作为

---

① [英]卡尔·波兰尼：《巨变：当代政治与经济的起源》，黄树民译，北京：社会科学文献出版社 2013 年版。

交税的物品,"赋入贡棐"可基本等于经济财政中"食"的部分;同样,以手工业产品、货币、流通为主要内容的"货"的部分,与"楙迁有无"基本一致。有学者指出,与"食""货"相同,"赋入贡棐"和"楙迁有无"当然也是同一体系下的两个组成部分,而"楙迁有无"更是中国古代贡赋经济运作的基本机制,[①]国家利用交换活动、市场等实现贡赋征集、经济控制。

古埃及的情况、卡尔·波兰尼的理论和《汉书·食货志》接下来的这段话提示了交易、市场、货币三者不一定是自发的,甚至很有可能是被统治者直接设计出来的:"是以圣王域民,筑城郭以居之,制庐井以均之,开市肆以通之,设庠序以教之;士农工商,四民有业。学以居位曰士,辟土殖谷曰农,作巧成器曰工,通财鬻货曰商。圣王量能授事,四民陈力受职……"农业生产方面的"制庐井以均之",物资贸易方面的"开市肆以通之",都是圣王统治国家的重要制度创造。经济不能仅有生产一个层面,即便生产力再高、物资种类再丰富,没有调拨、贸易等方式使得物资在不同时间、不同空间、不同群体中流通,就无法做到物尽其用。"开市肆以通之"未必像神话叙述的那样,是经济发展到一定程度后自然形成的,在班固等人眼中则是圣王统治国家、调动财赋资源的必然手段,是人为设计的结果。制度设计妥当后,圣王还需要安排具有相应才能的人从事不同的工作,从而形成士、农、工、商各司其职的"四民"社会,这便是所谓"圣王量能授事,四民陈力受职"。换言之,《汉

---

① 刘志伟:《王朝贡赋体系与经济史》,林文勋、黄纯艳主编:《中国经济史的理论与方法》,北京:中国社会科学出版社2017年版,第452页。

书·食货志》指出人们从事何种职业,人们有哪些职业可以从事,仍然受到人为设计的巨大影响。商业活动没有游离于传统国家贡赋体系之外,恰恰是国家财政制度和运转的一个组成部分。毕竟连商人这一职业都是圣王设计的成果,而且所有职业和身份都为国家服务。

在这种高度依赖统治者和国家制度设计的经济体系中,货币扮演了怎样的角色呢?从《汉书·食货志》对"货"的叙述来看,货币是"楙迁有无"的必要工具,在传统中国的财政经济体系中发挥着"分财布利通有无"的作用。

在班固等许多古代中国先贤的眼中,货币与整个经济财政体系一样,也是统治者设计、选择的产物。货币的形成不是为了满足自发的市场交易,而是为了实现国家财赋资源的估价和流通(包括调拨和贸易等形式),货币是统治者在经济领域中重要的统治工具。

春秋时代著名的政治家管仲,是帮助齐桓公称霸的核心人物。管仲在理财方面拥有极高的才能、极强的手段和超前的眼光,在他的管理下齐国大大增强了财赋储备和在经济领域中呼风唤雨的能力,削弱了周边诸国的经济能力。他的门人和追随者将管仲学派的治国理论与言论结集成书,深受后代理财家的追捧。这部书便是《管子》。作为擅长理财的政治家,管仲对于货币的起源和功能自然有颇为深刻的观察。《管子》讲述了一个古代先王制作货币治国的故事:

玉起于禺氏,金起于汝汉,珠起于赤野,东西南北距周七千八百里,水绝壤断,舟车不能通。先王为其途之远,其至之难，故托用于其重，以珠玉为上币，以黄金为中币，以刀布为下币。三币握之则非有补于暖也，食之则非有补于饱也，先王以守财物，以御民事，而平天下也。①

《管子》这段话的核心观点与《汉书·食货志》有异曲同工之妙。我们普遍认为珠宝、黄金、玉石本身具有较高的价值，形态较为稳定，具有一定的稀缺性，本身就十分适合作为货币流通。但在管子看来，三者能成为货币，终究还是出于统治者的考虑。禺氏、汝汉、赤野三地距离周王朝太遥远，交通极为不便。统治者利用价值较高的珠宝、黄金和玉石，使长距离的交换变得容易一些。由此，古代先王可以以财货为工具，驾驭民事、平定天下。这是统治者利用货币来"楺迁有无"，从而调度财政资源，实现社会控制的典型论断。另一方面，珠宝、黄金、玉石可能在其产地各有十分贵重的价值，一旦被纳入国家财政体系，其币值和购买力便不得不按照统治者的意见被重新界定，因此才有上币、中币、下币之分。

《管子》的这段话实际揭示了两点：第一，统治者为了实现跨区域的控制而设置货币；第二，什么物品可以成为货币，其在国家财政体系中价值几何也都出于统治者的设计。显然，《管子》认为货币具有非常强烈的财政性质。

现在可以对各种货币理论和古埃及、传统中国的货币认识与实践稍稍做一总结。简单来说，人们对于货币的起源有两种主要认

---

① 黎翔凤撰，梁运华整理：《管子校注·国蓄第七十三》，北京：中华书局2004年版，第1279页。

识，一是自然演化形成，二是人为设计产生；对货币服务对象的认识也有不同观点，一是自发的市场交易，二是国家财政。那么，究竟哪一种说法是正确的，哪一种是错误的？我想，论断恐怕无法轻易做出，双方的争论大概会无休无止地进行下去。历史是深刻而复杂的，古人留给我们的信息只不过是历史这片汪洋大海中的一粒粟米。把自己看到的说成是整个历史普适的，无疑是盲人摸象般的做法。理论之所以成为理论，在于其简洁、精确、凝练，这就不得不在归纳、总结、升华的过程中忽略一些要素。面对如此宽阔而难以捉摸的历史，无论多么细致的实证和多么精妙的理论都只能揭示部分历史现象（甚至不一定是史实），人们可能永远无法认识所谓的历史全貌。

但无论如何，对于货币、对于交子，我们从古人和波兰尼等人的智慧中得到了不同于自然进化论的另一种认识。交子的形成与发展壮大，除了依赖民间自发的商业和金融力量，国家财政的扶持、吸纳和改造恐怕也难以忽视。从北宋历史来看，交子能够顺利落地，"置死地而后生"，不断地扩大流通范围，恰恰是朝廷决策等超经济强制力推动的结果。在北宋朝廷的设计下，交子从一种地方性的票据真正走上了国家财政的前台，于军事、财政等关涉国计民生的根本性领域中发光发热。

虚值货币的源与流

如果接受中国古人认为货币由统治者制定，并视之为财政工具的理论，那么交子的出现表示宋代经济水平发展到了相当高的程度，甚至达到信用经济层次的说法恐怕就值得怀疑了。这当然不是说宋人发明交子没什么大不了的，交子不是什么特别的东西，而是说我们需要从全新的角度，回归到历史情境中去考察交子的真正价值。比如宋人为什么选用纸张作为货币的材质，交子为什么能在四川流通，并被朝廷看重而升级成为国家财政工具？单纯强调宋代经济很发达，显然无法回答这些问题。因此，我们不但没有消解交子的重要意义，还力图将相关思考拉升至新的高度。

1. 货币名目论

将货币视为促进国家财政资源流通的工具后，货币的形制对于统治者来说不再重要。他们只需要一个可作为核算工具的价值尺度，这个尺度甚至可以是虚拟的、观念上的，金银、粮食、铜钱、纸币、布帛等各种材质的货币没有太大的区别。无非是各种材质的货币在作为支付和结算的工具时，才有轻重、单位价值高低、是否便于分割等差异。许多人认为纸币比铜钱更先进，但在宋代大词人辛弃疾的观念里，纸币和铜钱没有什么差别。他的看法很有代表性："世俗徒见铜可贵而楮可贱，不知其寒不可衣，饥不可食，铜楮其实一也。"[1] 宋代纸币多采用楮树的树皮作为原材料，纸币因而也被人称为楮币。反正都是不能吃不能穿的东西，真差不了多少！

---

[1] 辛弃疾著，辛更儒笺注：《辛弃疾集编年笺注》卷四《论行用会子疏》，北京：中华书局2015年版，第373页。

皇帝们大多也持相似的看法：先秦诸子告诉我们，货币是由上古圣王制造和选择的，那还不是我想让钱值多少钱，我想让什么成为货币都不在话下吗？

用现代的话语讲，辛弃疾和皇帝们都是货币名目论的拥趸。他们认为货币只是国家或他本人规定的符号，材质并不是影响货币币值的决定性因素。受此影响，许多朝代的皇帝试图发行面额超过币材价值的虚值货币，交子当属其中的主要代表。

中国古代货币史有两条十分明显却相互矛盾的线索。

首先，铜钱的含铜量相当稳定，甚至不同朝代之间变化都不大。早期铜钱讲究重如其文，五铢、三铢、半两等既是重量单位，又是货币单位。无独有偶，镑、里拉、马克等外国货币单位也与重量单位渊源很深。唐武德四年（621年），唐高祖李渊彻底改变了重如其文的原则，以"开元通宝"钱取而代之。此后，铜钱几乎不再带有重量单位，带有年号的通宝钱逐渐成为主流。影视剧中常见的熙宁通宝（宋代）、万历通宝（明代）、乾隆通宝（清代）等都属于年号钱。年号钱的一大特色是，开元通宝之后的绝大多数年号钱都采用极为近似的配方，含铜量十分接近，而且币值基本上也在铸币所用铜材的价格上下轻微浮动。正因如此，铜钱被视作实值货币。历代铜钱大多可以跨朝代流通，比如宋人可能使用唐代的开元通宝做交易，明朝人认为本朝货币铸造质量不佳从而追捧宋钱，元朝流出海外的铜钱几乎都是宋钱。放眼整个世界，类似的现象并不多见。

图 0-1　开元通宝钱

注：现藏于台北故宫博物院。

其次，作为实值货币的铜钱似乎难以满足统治者的需求，许多朝代甚至屡次尝试发行虚值货币，实践货币名目论的做法屡见不鲜。看似稳定的铜钱发行和流通，一定存在着自身无法消解的"痛点"，虚值货币每时每刻都在撩拨君主的欲望。

2. 代表性的虚值货币

要成功发行虚值货币就要给予它充足的信用。这倒不是说虚值货币都是信用货币，因为信用货币在货币金融学中是一个专属名词，含有信用的货币不一定算得上信用货币。我们不妨换一个说法，人们必须基于信任（信用关系）才能正常使用虚值货币。由国家发行的虚值货币，依赖何种信任或信用关系？答案自不必说，是国家通过某种形式的信用关系，使货币使用者足以对虚值货币的流通性、币值的稳定性等基本素质产生足够的信任。当然，不能排除虚值货币发行后，民间自律地形成某些货币信用与流通机制，从而在国家政策之外保障虚值货币顺利流通，但最初推动这种货币流通的力有且仅有国家提供。

理论家们整理出一些国家保障虚值货币流通的直接手段，比如强权、法律、足够的准备金、彰显权威的徽记铭文；还有一些间接的要素，比如强盛的国力、强大的政府、良好的国家财政状况、言而有信的政令。中国历代王朝的虚值货币都是交子的"前辈"，可以说，作为虚值货币的交子拥有漫长的历史渊源。

（1）称量还是计数：西汉早期的铜钱

西汉王朝前期，国家只允许具有相同钱文的铜钱流通，并以此为基础维持通过计算铜钱数量衡量商品价值的交换体制。虽然汉廷颁布了所谓的铢钱标准，但由于朝廷罕见地向民间开放铸钱的权利，民间铸造者或受利益驱动，或受技术所限，铸得铜钱的质量五花八门、千奇百怪。市面上因而流通着看似钱文相同、形制近似，而币材质量、重量、工艺水准不尽相同的铜钱。夸张者，名为半两，实则重不到一铢。如山东章丘曾出土一块用于铸钱的石范。据考古工作者测量，使用这块石范铸造的铜钱直径仅为 0.6 厘米，一次可铸钱 324 枚。这些钱如同榆荚一般，仿佛不经意间就会被风吹走，难怪当时的人把这种又轻又小的铜钱称为"荚钱"。[①]

在国家视角下，铜钱只是计数的名目货币，因此通过政令维持

---

① 朱活：《谈银雀山汉墓出土的货币》，《文物》1978 年第 5 期，第 56 页。

名义币值稳定即可；可是民众在实际交易中却大受铜钱质量不一的困扰，他们不承认国家的意志，转而根据铜钱的轻重确定币值，实际上把铜钱作为铜料来称量使用。①

用最朴素的思想就能理解西汉民众的顾虑：明明含铜量不一样的两枚钱，怎么就会币值相同呢？我收下轻钱，会不会亏损？我支出轻钱，别人是否愿意接收？《汉书》记载了当时民众按称量方式用钱的结果，"民用钱，郡县不同：或用轻钱，百加若干；或用重钱，平称不受。法钱不立，吏急而壹之虖，则大为烦苛，而力不能胜；纵而弗呵虖，则市肆异用，钱文大乱"②。各个郡县流通的钱大都不同，如果买家使用轻钱，则需要多支付铜钱；如果买家使用重钱，则卖家需要降价或多给商品。朝廷按货币名目论颁布的技术标准在民间不能很好地执行，纵使官吏如何"急于星火"地催促呵斥，也没有得到比较好的效果。在官方与民间两种用钱方式的角力下，钱法进一步走向混乱的深渊。

《汉书》的记载得到了考古成果的支持。1975年上半年，湖北省江陵县纪南城凤凰山一六八号汉墓中出土了一件西汉文帝前元十三年（前167年）的天平衡杆，其上刻有"正为市阳户人婴家称钱衡"等铭文。③此时的民众开展日常交易，怕是在钱货两清之前少不了用称钱衡称量铜钱重量的环节。

---

① [日]柿沼阳平：《中国古代货币经济史研究》，东京：汲古书院2011年版，第157—162页。
② 班固：《汉书》卷二十四下《食货志下》，第1154页。
③ 纪南城凤凰山一六八号汉墓发掘整理组：《湖北江陵凤凰山一六八号汉墓发掘简报》，《文物》1975年第9期，第6页。

胳膊拗不过大腿，将铜钱名目化的计数方式破产后，西汉朝廷不得不向民意妥协，采用重如其文的方式使铜钱的面额等于其重量。汉武帝即位之后举行了若干次货币改革，目的便是稳定钱法，将计数和称量的用钱方式合二为一。元鼎四年（前113年），汉武帝将各郡国的铸币权收归中央，专令上林三官铸造五铢钱。至此，统一的全国币制终于建立起来，而官府放任民间铸造虚值货币的做法最终宣告落幕。

（2）异想天开：汉武帝的皮币与白金币

汉武帝是一位有大抱负、大才能的君主，在位期间击败了北方强敌匈奴，扩大了西汉的疆域版图。俗话说"兵马未动，粮草先行"，打仗首先打的是后勤。组织对匈奴长期而大型的作战，耗费了西汉王朝大量财力物力，国家财政支出达到了惊人的数额。在这样的背景下，汉武帝与公卿商议铸造虚值货币以求破局。

元狩四年（前119年），汉武帝听从张汤的建议，推出了材质新颖的虚值货币皮币和白金币。皮币采用禁苑的白鹿皮作为币材，白金币以银锡合金制作而成。选择这些物品作为币材的主要原因是禁苑多白鹿，少府多银锡，正好加以利用。皮币一尺见方，周边用紫色条纹做装饰，每张值40万钱。虽说白鹿皮确实是稀罕物，可值40万钱实在是大大地注水。当时的大司农颜异立即提出反对意见，指出王侯朝贺用的苍璧才值钱数千，而一张小小的鹿皮竟然价值40万钱，岂不是本末倒置？汉武帝对颜异的说法很不满意，自此心生嫌隙。而皮币的始作俑者张汤与颜异不和，在此事后竟设局以"腹诽"的罪名处死了颜异。①

根据上述历史记载，著名货币史专家彭信威先生和许多学者认为皮币的币材价值与面额差距过大，加上它的形制十分接近纸币，故称皮币为中国纸币的滥觞。② 不过，专家们也指出皮币的用途远不及交子等真正的纸币，仅用于王侯朝觐、聘享等礼仪性活动，因此还算不上真正的货币。有学者认为，皮币的发行—回笼路径是：先按40万钱的价格出售给王侯，等他们觐见皇帝时，再以献礼的形式返还给皇帝。这样看来，若不是要用于礼仪性活动，汉武帝甚至都不必选用白鹿皮，打张白条也不是不行。皮币只是王公贵族在使用，而不涉及平民百姓。就算宗室家的奴仆持皮币到民间市场购物，宣称一张皮币值40万钱，又会有几个人听他说话呢？

白金币的来头比皮币更大，有司宣称天用莫如龙，地用莫如马，人用莫如龟，凑齐了天、地、人三要素。白金币因此要分为三等：第一等重八两，圆形，以龙作为纹饰，名曰"白选"，值钱三千；第二等轻一些，方形，以马作为纹饰，值钱五百；第三等再轻一些，椭圆形，以龟作为纹饰，值钱三百。③ 白金币的规格如此之高，恐怕汉武帝本人是真心地想要把它视为等级高于铜钱的货币长久地流通下去。可事与愿违，白金币虚高的币值应该不小，从而引发了民间的盗铸狂潮。另一方面，即便是货真价实的白金币在民间也不怎么受待见，老百姓根本不把它看作高等级的新货币。朝廷

---

① 司马迁：《史记》卷三十《平准书》，第1433页。
② 彭信威：《中国货币史》，上海：上海人民出版社2015年版，第83页。
③ 司马迁：《史记》卷三十《平准书》，第1427页。

下令让民间禁止盗铸，同时好好地流通白金币，结果当然是无功而返。汉武帝花费心思设计的白金币最终仅流通了一年多就废止了。[①]

（3）基本操作：历代铸行的大铜钱

创造新的虚值货币终究是麻烦的。选择什么材质，做成什么样子，设置多大面额，在何种范围内流通……都是让统治者和决策集团头疼的问题。

制作虚值货币最简单的办法恐怕还是提高铜钱的面额。制作工艺几乎无须改动，顶多稍稍增加一些原料，增大一点尺寸，变更几个铭文就可以凭空增加币值。

用现代学者的说法，凭空增加的币值叫作铸币税。历史上存在两种铸币税，一种铸币税指民众拿着白银或黄金到官方指定的铸币厂，要求把金属原料铸造成货币时，官方和铸币厂收取的手续费。第二种则是指货币铸造成本低于其面值而产生的差额。在西欧历史上，统治者在想要收取第二种铸币税时，通常采用减少原料的方式，将足值货币变成不足值货币。统治者有时会广而告之，这是对自己的统治力和国力有十足信心的体现；更多的时候则秘而不宣，欺骗民众和商人。统治者底气不足，正好与国家虚弱的财力相对应。

中国古代的统治者则选择了相反的办法：在币材不变或略作增加的前提下提高铜钱面额，少者三五文，多者三五百文。因此，中国的皇帝似乎比西欧的君主要更加"光明磊落"些。

[①] 司马迁：《史记》卷三十《平准书》，第 1434 页。

图 0-2　王莽时期的"大布黄千钱范"
注：现藏于台北故宫博物院。

光明磊落地铸造大钱得不到民众的支持。钱从古至今都是最要紧的东西之一，皇帝的光明磊落在许多人眼里就是公开掠夺。事实上，中国古代铸行大铜钱的时期，普遍也是国家财政较为空虚或较为混乱的时期。比如王莽当政时，先后发行"大钱五十""契刀五百"乃至值千钱的"大布"等数种大钱，可没有一种是能够长期流通的。王莽不但发行这些花样频出的大钱，还禁止民间原本通用的五铢钱流通。一时间"农商失业，食货俱废，民涕泣于市道"[①]。历史这个顽皮的家伙很喜欢与人开玩笑，那些令时人在大街上哭泣的王莽大钱，竟因罕见而成为当代收藏家的香饽饽。能以合适的价格购得王莽大钱者，无不喜笑颜开。

几乎历代都发行过或试图发行大钱，直到晚清咸丰年间，皇帝和大臣们依然试图用铸行大钱的方式来缓解财政危机。但是民众也

---

① 班固：《汉书》卷二十四下《食货志下》，第 1179 页。

不会坐以待毙，任凭人君摆布，历代的大铜钱或在短暂流通后变成历史的尘埃，或无法按照官府设定的虚值面额流通。比如宋徽宗时期，蔡京曾主持铸造当十大钱，即一枚当十钱可作为十枚普通铜钱使用，而一枚当十钱的币材仅与三枚普通铜钱差不多。蔡京的如意算盘是铸造一枚当十钱，就能获得七文毛利。然而事与愿违，民众对于当十钱的接受程度非常低，明明就值三文钱，凭什么官府一声令下就能值十文？官府权威惹不起，与官府打交道时得按官家的规矩来；但市面上谁要按十文接受当十钱，恐怕真的会被别人当作谈资笑料。

除了大家明摆着知道官府铸造大钱是在糊弄人，造成大钱流通不畅的另一个原因是盗铸。这不义之财皇上能赚，我为何不能赚？铸造铜钱对于中国古代民间手艺人来说不是什么难事，正如我在前文说过的，西汉初年朝廷向民间开放铸钱，说明许多民众有能力完成铸钱的整套流程。一旦朝廷发行大钱，民间立刻蜂拥而上，将普通铜钱熔化后铸造成大铜钱的样式。铸造者或私铸钱的购买者再大摇大摆地跑到市场上，要求商贩必须按朝廷政令接收大铜钱，否则便报官。这种行为严重影响货币秩序，一来普通铜钱越来越少，或被熔化，或被人储存起来暂时不用；二来私铸大钱越来越多，远超市面需求，形成通货膨胀。最终，宋廷不得不认清现实，向强大的民间力量低头，宣布当十钱按三文流通。蔡京铸造大钱引起的喧嚣方才告一段落。

历史证明，以铜钱为基础制作虚值货币这条路行不通。理由也很简单：太假了，很难说服老百姓。不过历代铸造大钱的历史也说明，虚值货币一直让皇帝们心痒痒。

（4）破布也值钱：北魏民间的布帛货币

东汉以后，布帛的产量提高并逐渐稳定。传统中国典型的"男耕女织"式的生产方式就是在这一历史时期固定下来的。而货币流通领域则呈现出截然不同的混乱局面。铜钱的铸造量开始走低，人们通过各种方式裁剪铜钱（如沿边将铜钱的外围裁剪一圈，或从铜钱内部裁剪使得中央的方孔扩大）以获得铜材，再私铸牟利。三国两晋南北朝长年的战乱，林立的割据政权，又使得各政权或不发行钱币，或将钱币作为攫取民间财富、支撑国家财政和奢侈消费的工具。民众面对混乱的钱法，苦不堪言又无能为力。总体来看，流通中优质货币数量是不足的。铜钱无法满足交换需求给了布帛晋升为货币的契机，从此时至唐宋之际，布帛长期作为传统中国的货币与铜钱并行。

与铜钱一致，布帛成为货币需要满足国家规定的形制。只是布帛长期以来作为纳税品进入国家财政体系，早已受到形制约束，各政权没有必要再为布帛进入流通领域而重新制定规则。国家通常规定一匹绢的尺幅和纺织密度。这就让国家财政中的绝大多数布帛是完整的、优质的，方便赋税征收、财政开支和流通。如果某户缴纳的赋税太少，以至于达不到最低程度的布帛形制要求，官方甚至令其改纳原料，或安排几户一起纳税。[1]

---

[1] 李林甫：《唐六典》卷三《户部》，北京：中华书局1992年版，第76页；王溥：《唐会要》卷八十三《租税上》，北京：中华书局1955年版，第1537页。

布帛作为货币与铜钱、粮食、海贝等有一个明显的不同之处，或者说劣势，即布帛的不可分割性。这倒不是指古代布帛坚硬如磐石，没有物理上分割的可能性，而是说布帛在切割后的单位价值，要小于一块完整布帛的单位价值。

这样说可能不太容易理解，我们不妨根据一匹＝四丈＝四十尺的标准公式加以说明。虽说尺幅上一匹＝四丈，但四张一丈布的价值要小于完整的一匹布；同理，十张一尺布的价值也要小于完整的一丈布。因此，布帛切割得越小，其单位价值就越趋近于零。将一匹布切割成一千万块布条后，这一大堆布条几乎不再值钱了。与布帛不同，一粒米与一石米的单位价值、一颗海贝与一箩筐海贝的单位价值都是相同而均匀的。

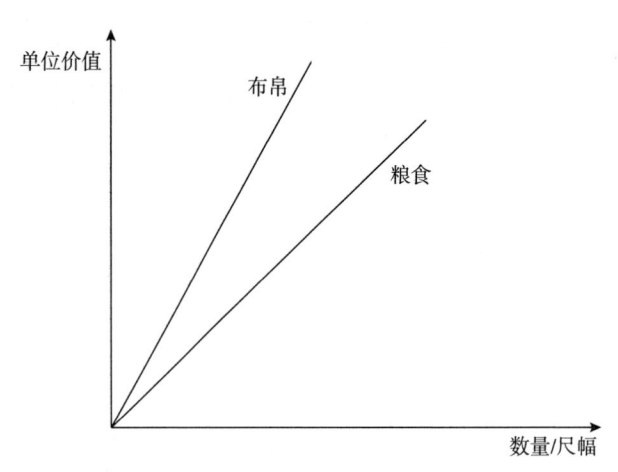

图0-3 布帛和粮食单位价值与数量情况示意

成匹的布帛不是我们介绍的重点。在符合官定标准的布帛之外，北魏河北地区的民间市场曾经于延昌二年（513年）前后流行过用小块劣质布帛制作而成的货币：

又河北州镇，既无新造五铢，设有旧者，而复禁断，并不得行，专以单丝之缣，疏缕之布，狭幅促度，不中常式，裂匹为尺，以济有无。至今徒成杼轴之劳，不免饥寒之苦，良由分截布帛，壅塞钱货。①

根据这段来自《魏书》的记载，当时河北地区的民众苦于铜钱不足，不得不改用布帛作为货币。"单丝之缣，疏缕之布，狭幅促度，不中常式，裂匹为尺"无不说明割截后的布帛单位价值极小，而当地人却用这些小布块作为通济有无的货币。如果说符合官定的布帛是实值货币，那么流行于河北地区的小布块便是虚值货币。

北魏前后或同时期的其他政权中也曾出现割截布帛作为流通货币的现象。如西晋"泰始中，河西荒废，遂不用钱，裂匹以为段数。缣布既坏，市易又难，徒坏女工，不任衣用，弊之甚也"②，河西地区割裂布帛流通。又如东晋"安帝元兴中，桓玄辅政，立议欲废钱用谷帛，孔琳之议曰：……谷帛为宝，本充衣食，分以为货，则致损甚多。又劳毁于商贩之手，耗弃于割截之用，此之为弊，著自于曩"③。所谓"耗弃于割截之用"，自然是指被民众割裂后用于流通的小尺幅布帛。

熟知中国古代货币史的朋友可能清楚，不说历朝历代，大多

---

① 魏收：《魏书》卷一百一十《食货志》，北京：中华书局1974年版，第2864页。
② 房玄龄等：《晋书》卷八十六《张轨传》，北京：中华书局1974年版，第2226页。
③ 房玄龄等：《晋书》卷二十六《食货志》，第795页。

数朝代都曾出现与割截后的布帛类似的地域性自发货币。与官定货币背靠国家信用这棵大树不同，地域性自发货币则是纯粹以民间信用关系为基础的产物。在缺乏合适的货币时，人们总是会运用智慧创造新货币来缓解燃眉之急。因地域性信用灌注其中，这些新货币通常是虚值货币，无须使用足值币材制作。假如某地拥有足够制作实值货币的币材，当地人又何须创造新货币呢？而依赖地域性信用的另一面，则是这些新货币几乎不可能走出出生地，除非地域性信用也随着货币的流通走出本地、奔向外地，或得到了外力的支撑。

还需要关注的是，割截布帛作为货币的地域通常不太发达。不发达，意味着没有足够的经济活动，经济活动不够多（特别是外来商人少）就无法提供充足的货币。可以说越不发达的地区，越缺乏货币。而货币缺乏到了无法支持日常交易的程度时，当地人就不得不自发地创造货币。

反过来，如果某个地区特别发达，经济活动次数特别频繁、数额特别巨大，以至于流通中的货币数量和种类不足以支撑经济活动顺利开展时，当地人也可能自发创造货币。

两种情况在宋代都发生过。南宋绍兴末期，徽州知州洪适向户部写札子，请求减少当地赋税中铜钱的比例。他给出的理由是该州位于崇山峻岭之间，贫穷落后，本地几乎没有特别富裕的人家。富商大贾也不会来到此地经商，因此市面上流通的铜钱数量很少。本地人只能创造出一种名为"会子"的票据,[①]作为货币使用。[②]不论洪适的讲法是不是帮本地求情的托词,总之他认为徽州民众创造会子的根本原因是不发达。至于富裕地区创造新货币的代表,正是四川交子。

(5)交子的源头:唐代飞钱

唐代飞钱可能是名声最大的虚值票据。一般来说,学者们认为飞钱更加接近汇票,离货币还有些许距离。理由主要是飞钱既不是价值尺度,又不是交易媒介,还基本不用于财政收支。而说飞钱是交子的源头,不仅现代人这么说,古人也这么看。元朝人修《宋史·食货志》时,介绍宋代交子、会子等纸币的第一句话便是"会子、交子之法,盖有取于唐之飞钱"[③]。元人也发行了中统钞、至元钞等纸币,做出飞钱乃交子源头的论断想必是有的放矢。此后,每朝人修前朝正史时都会把纸币的源头追溯到飞钱,用的句式都差不太多。《元史·食货志》说"钞始于唐之飞钱、宋之交会、金之交钞……元初仿唐、宋、金之法,有行用钞"[④];《明史·食货志》也照方抓药,写道:"钞始于唐之飞钱,宋之交会,金之交钞。元世始

[①] 这里的会子不是南宋主要纸币东南会子(又称行在会子)。事实上,在洪适写作这篇札子的时代,东南会子尚未发行。会子在宋代是一个表示凭证、票据的通用名词,东南会子得名借用了既有的词语用法。
[②] 洪适:《盘洲文集》拾遗《户部乞免发见钱札子二》,四川大学古籍整理研究所编:《宋集珍本丛刊》第45册,北京:线装书局2004年版,第527页。
[③] 脱脱等:《宋史》卷一百八十一《食货志下三》,北京:中华书局1985年版,第4403页。
[④] 宋濂等:《元史》卷九十三《食货志一》,北京:中华书局1976年版,第2369页。

终用钞，钱几废矣。"①经过历代反复书写，唐代飞钱乃交子源头甚至是纸币源头的说法可谓入脑入心矣。

现代人理解飞钱与交子的关系，可能多少受到古人叙述的影响，但基本上还是从学理上展开思考。交子与飞钱没有"血缘"上的继承关系，即交子不是直接从飞钱演变过来的，因此人们主要考虑二者在性质方面的近似之处。直系亲属做不成，还可以做远亲嘛。

先来看唐代飞钱到底是什么票据。

唐代中后期，社会上逐渐感觉铜钱不够用了，各地出现了禁止铜钱出境的事。不论是中央政府直接控制的地区还是节度使掌管的地域，为了把铜钱留在境内从而保持物价稳定，保证正常的财政与商业活动开展，都想尽了办法。禁止铜钱出境最大的受害者自然是商人。原本铜钱就不好携带，好不容易能带点钱出门到各地经商，现在各地却各自为政，把铜钱扣留下来不让带出去。钱的流动性愈加下降，商贸活动越来越难做。

商贸活动开展不下去，各地官府也很不好过。本地官府当然希望自己手里可支配的铜钱多多的，能流通的区域大大的，可一出门就是别人家官府，自己管不着。于是商人和本地官府一拍即合，想出了用飞钱汇兑的办法。

当时各道官府在京师大都有名叫进奏院的办事机构，十分类似于今日各地的驻京办。商人们在京师卖出货物后，可以选择把现金

---

① 张廷玉等：《明史》卷八十一《食货志五》，北京：中华书局1974年版，第1961页。

交给他家乡的进奏院。进奏院收款后发行一张票据，一分为二，一半交给商人，另一半送回本道的有关机构。商人返回后，找官府核验票据通过后就能领到相应数额的现金。这种票据就被人形象地称为飞钱。确实，原本相隔两地、毫无关系的现金，竟因一张票据产生了奇妙的联系；商人无须运输就能在异地得钱，好似钱从天空中飞越过来找到自己的主人一般。更让人惊叹的是，飞钱在不直接违反各地禁令的情况下让商人和官府都能获利，可谓双赢之举。

唐廷听说飞钱这种奇怪的新事物之后，第一反应竟是禁止。结果京师商贸活动变得困难，铜钱运出外地引起京师缺钱、物价大跌等一系列连锁反应，最终唐廷采取了支持的态度。后来有商人持飞钱到地方兑换现金遭到刁难时，朝廷还下令禁止地方官府不守信义的行为。

现在飞钱与交子等纸币的相似之处或许呼之欲出了。飞钱的核心功能是在钱币和票据分离的情况下，实现异地支付。后代的各色纸币大多在形式上是钱币的代表，运行机制也与飞钱的机制有很多相似之处。而纸币运作越成功、越发达，钱币汇兑的成分便越少，纸币的独立性则越高。

从中国古代各种虚值货币的发展历程和性质特色来看，交子之形成无疑具有深厚的历史积淀。从西汉至晚清，从官方到民间，古代中国人常常以各种方式创造虚值货币。创造的目的，或是满足国家财政需求，不惜通过铸币税的形式抢夺民间财富；或是弥补地域内货币不足和不适用的缺憾，实现货币金融领域内的创新。

诚然，上述虚值货币展现了历代人力求创新的精神，可没有任何一种能够长期稳定地流通。我们在史书中反复看到各朝代铸造大钱的记载，见到不同时代、不同地域出现民间汇兑的记载，这不正说明上述虚值货币和票据都没能真正经受历史考验吗？在众多虚值货币中，以交子为代表的宋代纸币则与众不同。交子在北宋出现后，几乎流通至南宋灭亡；南宋朝廷发行的东南会子也直到蒙古人用中统钞收兑才失去生命。交子等宋代纸币的运行机制，定当有过人的长处。

不稳定的大中等面额货币

归纳上文出现的虚值货币可以发现，除了西汉早期开放按货币名目论计算铜钱币值、北魏河北地区割截布帛作为代替铜钱的小额货币零散流通外，其余虚值货币的面值都要高于普通铜钱。特别是大钱、汇兑、纸币这些许多朝代都试图制造的虚值货币和票据，面额有时相当于几百、上千枚铜钱。

1. 为什么中国古人如此热衷于发行虚值货币

这个问题看起来和之前的内容重复了，其实不然，我在这里想要说明的不是古人发行虚值货币的直接原因，而是虚值货币（特别是面额较大者）在中国古代存在的根本理由。

提出这个问题的原因来自对比：西欧的货币史恰恰与中国走上了相反的道路。欧洲人十分习惯用黄金和白银制作各种分量的铸币。与铜不同，金银的单位价值太高，仅需一点点就能购买不少商品。今日的消费者论克购买黄金，一克需要人民币数百元。有些人为了省去品牌溢价，不从珠宝店购买首饰，而是选择先购买金条，自己找金匠打制。消费者在交出金条时和收到首饰后都需要称重，审查金匠是否把损耗控制在约定的范围内。为何消费者如此"斤斤计较"？原因正是黄金太贵重了。

历史上的西欧人也觉得黄金、白银很贵。那么问题来了，如果按照普通人的收入水平制作金银币，恐怕会得到极小、极薄的"软"币。黄金和白银都有一定的延展性，当铸币薄、小到一定程度，硬币不仅不硬，还容易丢失，甚至轻薄到失主连丢了金银币都察觉不到的程度，因而根本不便于日常使用。事实上，西欧的金银币对于普通人的收入水平而言太过贵重，因此日常生活交易中其实难觅金银币的踪影。统治者们只能在金银币之外，发行铜等贱金属制作的小额货币。问题并未解决，小额货币的数量经常不足，币值不稳定，如何与金银币搭配出适当的组合体系等都成为长期困扰西欧社会经济的阴霾。[1] 这是另一个很复杂的问题，有机会可以再谈。

和西欧缺乏小零钱不同，中国古代长期缺乏的是大中等面额货币。普通铜钱的币值太小，穷苦人每天过活也至少需要几枚铜钱，而一枚西欧的金银币则多能供穷苦人生活几日。币值太低导致交易所需铜钱的数量很大，如何携带与搬运成为困扰历代中国人的难

---

[1] [美]托马斯·萨金特、[法]弗朗索瓦·维尔德：《小零钱 大问题》，沈国华译，上海：上海财经大学出版社2015年版。

题。以宋钱为例，一枚普通宋代铜钱约重三克，一贯（以铜钱一千枚计）便重达三千克。如果使用铜钱完成上规模的交易，交易者不得不用人力、畜力或车马携带铜钱，颇为不便。

图0-4　运送铜钱的板车（《清明上河图》局部）
注：天津金融博物馆馆藏复印件。

为了使大家简单理解宋人携带铜钱有多么不方便，我想打个不算十分恰当的比方：假设一枚铜钱相当于一块钱，宋人只能用铜钱购物。假设一位宋人穿越到北京准备置办一身行头，便来到王府井某百货大楼逛街扫货。在那里，他先看中了一件标价一千元的上衣。由于只能用铜钱付款，这位宋人至少得携带一千枚铜钱。他手持三千克重的铜钱来到收银台，收银员傻眼了：这得一枚一枚清点到什么时候？恰巧，我也看中同款上衣，去收银台拿出手机扫一扫就轻松结清了。宋人好不容易结完账，却还得买裤子、衬衫、鞋子、袜子……这又得带上多少铜钱？我想，他从百货大楼出来时估计已经累得够呛，这趟穿越可是件重体力活。

考古资料也可以证明上述现象。白沙宋墓壁画中有几位宋代男性，为了上街买东西，往自己脖子或手臂上绕了四五贯钱，这恐怕是宋人购物的常态。在宋代，人们为了方便都用细麻绳把铜钱穿起来，每一千枚小平钱作一串。这些携带大量铜钱的男性，每出门一次便相当于在做十几公斤的负重锻炼。此外还有人选择把铜钱缠在腰上。古人形容有钱者"腰缠万贯"，正是这个道理。

令人感到困惑和遗憾的是，在明朝中后期美洲白银大量涌入之前，传统中国一直没有十分稳定的大中等面额货币。先秦、秦汉时期据说以黄金作为大额货币，江西海昏侯大墓出土了数额甚巨的马蹄金似乎可以证明这一点。但使用黄金的传统不知为何未能被后代继承，从东汉至唐的人们主要把布帛作为大中等面额的货币。此后布帛被纸币淘汰，纸币又在明代被白银替代。另外还有历代都试图制造的大铜钱。从现代人的眼光看，即便使用贵金属完成大中型交易也算不上多方便。虽然人民币的最高面额只有一百元，但恐怕没有多少人手持大量现金去做生意。以银行等无处不在的金融网络为基础，利用银行转账、承兑汇票等或许是比较方便的办法。

与稳定到不能再稳定的小额货币铜钱相比，古代中国人寻找大中等面额货币的过程可谓命途多舛。黄金、布帛、纸币、白银之间的币值或面额都不尽相同，可以说在一文以上就没有特别稳定的面额。无论如何，面对铜钱不足以满足所有交易需求的局面，以交子为先声的纸币支撑起了宋明数百年间的大中型交易，在中国货币史中刻下了不可磨灭的印记。

2. 为什么是纸

为什么宋人选择用纸来制作货币？这可能是一个没有真正答案的问题，因为没有哪个宋人或宋代机构认真地谈论过这个话题。用纸做钱，一开始可能会引起大家的好奇、惊叹，时间长了人们也就习惯了。从汉代蔡伦造纸到宋代，人们早已习惯于纸张和以纸为原料制作的各种物品。突然见到有人用纸做钱，惊叹之余倒也不会觉得是天方夜谭。毕竟，反正纸和铜钱差不多，都是些不能吃、不能穿的东西。

站在后人的立场上，我想试着替宋人简单说说几个用纸张制作货币的原因。

第一，用纸张做币材成本低廉，是制作虚值货币的不二之选。纸币经受住了历史长达千年的考验。在我们手中的钱彻底变成一串串虚拟的数字之前，纸币的生命力大概还会延续。

第二，纸张轻薄，便于携带。与铜钱相比的结论无须多言，纸币与白银究竟谁更轻便呢？宋代白银基本以银锭形式流通。银锭有其形制，主要分为五十两、二十五两、十二两半三种，偶见十两。以一两白银兑铜钱二贯粗略计算，这三种重量的银锭相当于铜钱一百贯、五十贯、二十五贯。白银虽然面额大，但还是相对偏重。若换算为现代单位，五十两白银约重二千克，二十五两约重一千克，十二两半约重五百克。尽管远远轻于铜钱，但与百十张纸比较起来仍然笨重些。

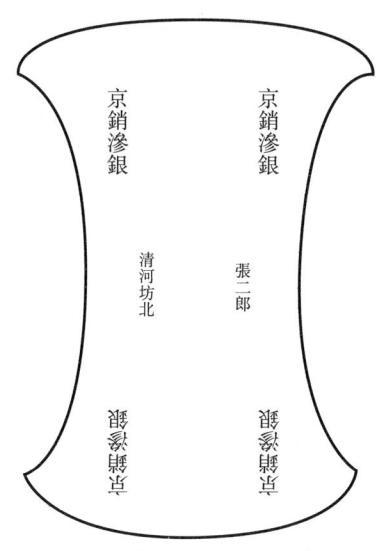

图 0-5　南宋十二两半银铤示意（王申绘）

注：该银铤现藏于湖北黄石市博物馆。

这块银铤上有戳记"京销渗银""清河坊北""张二郎"。京销银指京城（南宋为行在临安府）金银交引铺销铸的白银，南宋临安城的金银交引铺集中在五间楼北至官巷南街一带；渗银表示成色；清河坊北与张二郎则是金银铺位置与铸造者姓名。

第三，交子的诞生地四川成都有大量的树木，可以用于制造纸张。在同等条件下，纸币可能出生于成都，却很难在西北的戈壁与沙漠中被人创造并大规模使用。

第四，雕版印刷术在宋代具有了比较高的普及度，宋人亦掌握了彩色套印等复杂的印刷技术。人民币恐怕是我们在生活中所能够见到的防伪手段最多、技术最好的纸张了，宋人在设计和制作交子等宋代纸币时也在防伪方面绞尽脑汁。没有足够强大的印刷技术作为支撑，纸币就无法产生。

行文至此，交子产生的几个根本原因已基本说明。中国古代长期以铜钱等小额铸币作为主要货币，民间和官方都有创造虚值货币的客观需求。从这个角度说，交子也是古代中国人创造虚值货币的一种尝试，宋人又恰好在种种机缘巧合之下选择了纸张作为币材。用纸张作为原料，其实不能说明交子与当代纸币在性质和所谓先进程度上是一致的。当代纸币依托以中央银行、商业银行为代表的一整套当代金融体系，极为依赖信贷关系，而交子等宋代纸币的运作方式很显然与此无关。就拿量化宽松等"放水"行为来说，当代主权国家"放水"可不是让造币厂的工人和印刷机加班加点，所以也不需要把一张张百元大钞散出去。而宋廷"放水"则需要实打实地让印刷纸币的工匠加班，还要使新印好的纸币通过各种渠道发行、流通。

在我看来，过于从现代性的角度强调交子的意义，反而没有意义。如果认为古代的东西越像现代的便越好、越先进，那么就必须回答一个问题：把好的、先进的现代发明原原本本地带回古代，就肯定能取得好的结果吗？恐怕不尽然。我们今天赞叹与欣赏宋代的艺术、文学，恰恰不是因为宋人作品的风格接近当代人，而是因为宋人的审美不同于当代，甚至有不同于任何其他时代的独特气质。交子也是如此。宋人发明交子，是要解决他们遇上的实际问题。交子之所以精妙，在于发明者凭借高超的智慧充分整合了现有资源，敢于大胆创新，得到了意想不到的成果。商人发明交子，是为了让商业活动更容易开展；国家支持并改造交子，目的是让国家财政的支配更加便利。无论是商人还是国家，都试图借用交子让经济变得更好，让财富更通畅地流向急需它的地方。交子背后的勇气、智慧和创新精神，对美好生活的向往以及改造世界的理想，才是亘古不变的追求。仅仅从贴近现代的角度去称赞交子，既不贴切，又显得狭隘。

接下来就让我们回到历史情境中，近距离地感受宋人发明和使用交子的历史脉动吧。

第一章
起源：为什么是四川

相信很多人曾经听自己的老师说过，要理解某位诗人的诗作，首先需要了解诗人写作的历史背景。历史背景，包括诗人的人生经历、写诗时的心理状况，还有时代大背景。这种方法或许对研读文学作品有所帮助，若要用于历史研究，则得特别当心。

看似历史学的研究方法，为什么反而在历史研究中要留神呢？原因是历史太过于复杂，留存至今的信息太少，又受到历代人的选择和遗忘，今人真的很难在不同的历史现象之间建立因果关系。特别是建立历史背景、根本原因、深层内涵等间接的因果关系，尤为困难。一个尤其经典的例子是，为什么工业革命发生在英国而不是其他欧洲国家，不是其他大洲的国家。所有对于工业革命起因的解释听起来都有道理，但都不全面，也都无法回答为什么工业革命不在某地发生。

对于交子起源的解释也只能持相同的态度。我们可以举出为什么交子诞生于四川的若干种理由，却很难解释为什么交子率先出现在四川而不是宋代其他地域。如果用稍稍为自己开脱的话来说，历史终究是充满偶然性的。当古人恰好在正确的时间和正确的地点以正确的方式做了正确的事情,历史的车轮便突然开始滚滚向前。

除了下面即将向各位分析的原因,一定还有更多甚至可能是更重要的要素有待于有识者发现。

天府之国

宋史学者们提起交子时常常会带上它的诞生地,称为四川交子。理由倒也很简单,宋代的每种纸币都带有地域性。北宋倒还好,交子之外几乎没有其他纸币发行。北宋晚期宋徽宗和蔡京设计出来的一系列新纸币都是四川交子的衍生品,且流通时间十分短暂。南宋的情况相对复杂,荆湖地区流通湖北会子,淮南地区流通淮南交子;而朝廷收支使用的东南会子,其实主要流通于东南地区,没有真正地同时在全国通用。从另一个角度看,除了坚持使用铜钱的"死硬地区"两广,四川交子(南宋改称钱引)、湖北会子、淮南交子、东南会子又几乎覆盖了其余南宋国土。说南宋是一个纸币国家,丝毫不过分。

而一切的开始,都要追溯至北宋时的四川。

1. 地利开发

可能出乎许多人意料,"天府之国"在古代不只是四川的代称。北京周边、关中平原、并州等山西中部地区和其他一些经济发达、适宜人口发展的地区都曾被赋予这一美称。在诸多天府之国中，以成都平原为代表的四川则是资历较老，同时持续时间最长的。这可能是四川在今天独占天府之国称号的原因。

在宋代，四川是一个刚刚形成的概念。宋朝之前的人更多地用蜀地来称呼这块地方。乾德三年（965年），宋军消灭后蜀政权，得到益州等四十六个州府级行政单位，随即设置西川路。开宝六年（973年），峡路从西川路划分出来，川峡地区被分割为东西两个部分。太平兴国二年（977年），宋太宗又分西川为东、西两路。此后行政区划多有变动，直至至道三年（997年）末变回西川路、峡路。宋真宗咸平四年（1001年），川、峡二路分为益州路、梓州路、利州路、夔州路共四路。自此至宋末，川峡地区的路级辖区几乎没有变动。[1]川峡地区的路级行政区划被一分为四，时人将它们合称为"川峡四路"或"四川路""四川"，四川之名由此开始作为行政区划的代称。

四川经济发展的核心区域，自然是地理条件最为优越的成都平原。汉中盆地与遂宁河谷等地亦有相当程度的发展。土地肥沃、气候比较温和、降水量充沛等较为优越的自然条件，给予了四川农耕文明先天的优势。学者主要从以下几个层面论证成都平原等地的发展速度与发展水平处于同时代较高的层次[2]：第一，土地开发利用率较高。政局平稳、人口增殖使得土地渐渐显得不够用了。一方面，人们需要积极开垦田地以种植作物；另一方面，城市内的土地价格

---

[1] 李昌宪：《中国行政区划通史·宋西夏卷》，上海：复旦大学出版社2017年版，第78—79页。
[2] 以下五个分析层面见林文勋：《宋代四川商品经济史研究》，昆明：云南大学出版社1994年版，第1—3页。

逐渐变得高昂。第二，耕作技术和水平较高。虽然较农耕最发达的江浙地区略显逊色，但从整个宋朝疆域来看，四川的农耕水平还是相当高的。第三，稻麦二作制在优越自然条件的支持下普遍推广，使得土地利用率、粮食产量都大大提高。《宋史·地理志》称"地狭而腴，民勤耕作，无寸土之旷，岁三四收"①。这种优越的产出条件，恐怕令许多地方的农民很是羡慕。第四，经济作物多有种植。茶叶、蚕桑、果木等均是四川闻名全宋的特产。第五，手工业快速发展，盐业、纺织、印刷等都是四川具有优势的行业。

优越的经济条件养活了更多的人口。其实四川经济发展水平和人口数量的起点很高，原因是此地在动乱的五代十国时期几乎没有受到战争影响，得到了较长时间的稳定发展。进入宋朝，四川人口进一步增加，在宋初的太平兴国五年（980年）有一百二十余万户，稳居全宋第一。不过，宋初四川发生了多次兵变与民变，在一定程度上影响了经济与人口的发展。北宋官方"扼杀"了上述不利因素后，四川人口在宋真宗统治时期进入了一个较为快速的增长时期。至宋神宗元丰元年（1078年），四川户口有二百一十二万，崇宁元年（1102年）则达到二百二十四万，均位居全国第二。此时人口增速放缓，人多地少应当是主要原因。一些大臣洞察了四川的人地矛盾，曾向皇帝建议将四川人地矛盾特别紧张地区的人口迁移至外地。②南宋时，四川人口进一步增长，除了本地人口增加，外来

---

① 脱脱等：《宋史》卷八十九《地理志五》，第2230页。
② 李焘：《续资治通鉴长编》卷一百六十八，皇祐二年六月末，北京：中华书局2004年版，第4048页。

移民迁入也使得四川人口更为稠密。从史料记载和研究者的分析来看，宋代四川的人口数几乎达到了土地承载量的极限。在土豆、玉米等美洲作物被引入之前，四川人口数量增长的潜力几乎在宋朝耗尽。换一个角度讲，恰恰是四川能够产出这么多的农产品，才能养活如此庞大的人口。不过，四川人口的发展势头在宋元之际蒙古军队入川后被打断，人口重新获得了滋生空间。[1]

人口众多、经济发达、物产丰富，滋生了更为频繁的商业贸易需求。有学者曾经分析了北宋全国各地的商税数据，指出熙宁十年（1077年）之前，四川地区的商税占全国总额的28.6%左右；熙宁十年后，因茶法改革，四川商税有所下降，但仍然占全国的14.8%左右。[2] 市面上主要的交易需求和流通的物资，除了粮食等生存资料，便是四川具有生产优势的经济作物与手工业产品。其中茶叶、食盐、酒是最大宗的商品，四川资金最雄厚的商人大多从事这些物品的贸易。

茶、盐、酒并不是商人能够随意自由贸易的物品，背后都有官府的身影。这三种物品为宋代专卖品，由官府垄断经营。宋人的脑筋比较活络，官府垄断，不一定意味着从生产、批发、运输到零售的环节全部由官府自己完成，官府可能只是控制其中的几个关键环节，剩下的交给商人经营。商人的义务便是按规定的方式上缴利润或支付价金。比方说，商人要经营茶叶或食盐，就需要事先从有关

---

[1] 关于宋代四川人口数量的演变情况，见吴松弟：《中国人口史·宋辽金元时期》，上海：复旦大学出版社2000年版，第535—549页。

[2] 林文勋：《北宋四川商税问题考释》，《中国社会经济史研究》1990年第1期，第27—34页。

部门购买茶盐钞引等许可性票据；商人要从事酒类生意，则可能通过竞标的形式承包，许诺每年上交官府的金额。此外，官府每年还要通过和籴等形式从市场上大量采购粮食，以满足上供、军队开支用度等多方面的财政需求。

在宋代，发达的大宗商品贸易几乎都受到财政需求与官府制度的巨大影响。用现在的表达方式讲就是财政贸易行为对宋代GDP（国内生产总值）的贡献十分突出，官府是最重要的市场主体。商业贸易如此，货币又怎么可能"独善其身"呢？

2. 造纸印刷

制作纸币有两大技术需求，其一是造纸，其二是印刷。而造纸和印刷恰好是宋代四川的代表性产业，在大宋境内可谓有口皆碑。

先来看造纸术。

四川造纸的历史十分悠久，有十分优厚的自然条件和产业传统。我国古代的纸张原料可以大体分为草本植物的韧皮纤维和木本植物的树皮纤维两类。从汉至唐，草本植物是造纸的主要原料，其中最常见的是麻。四川的气候适宜麻类植物生长，产出的麻质量优、数量大，深受各地官民的青睐。唐代大诗人杜甫曾经写诗说"蜀麻吴盐自古通，万斛之舟行若风"[①]，将蜀地的麻与江淮的盐视为贯穿长江上下游贸易的主要商品。唐人尤爱用四川麻纸抄写，官方

[①] 彭定求等编：《全唐诗》卷二百二十九《杜甫·夔州歌十绝句》，北京：中华书局1960年版，第2508页。

抄书、撰写公文指定用四川麻纸的情况屡见不鲜。如开元年间集贤殿书院分为甲（经）、乙（史）、丙（子）、丁（集）四部抄写宫廷藏书，总共二万五千九百六十卷，全部书写在益州麻纸上。[1]

四川的能工巧匠没有就此故步自封。他们穷尽心思改进造纸技术，以求获得更好的书写与印刷效果。唐宋之际，以木本植物作为原料的皮纸制作技术在今四川、安徽等地逐渐成熟，其洁白且坚韧，特别适用于印刷。其中楮树的树皮是十分常见的主料，以其为原料生产的纸张被称为楮纸，而四川恰好盛产楮树。古代著名的科技著作《天工开物》写道："凡纸质用楮树（一名榖树）皮与桑穰、芙蓉膜等诸物者为皮纸，用竹麻者为竹纸。精者极其洁白，供书文、印文、柬、启用，粗者为火纸、包裹纸。"[2] 据元朝费著的《笺纸谱》记载，四川广都等地出产多种质量优良的楮纸："广都纸有四色，一曰假山南，二曰假荣，三曰冉村，四曰竹丝，皆以楮皮为之。其视浣花笺纸最清洁，凡公私簿书、契券、图籍、文牒皆取给于是。广幅无粉者谓之假山南，狭幅有粉者谓之假荣，造于冉村曰清水，造于龙溪乡曰竹纸。蜀中经史子籍皆以此纸传印。"[3]

质量优良之外，出品数量稳定、价格相对低廉也是宋代四川楮纸的优势。最终，交子等纸币、茶盐钞引等专卖票据选用四川楮纸

---

[1] 李林甫等：《唐六典》卷九《集贤殿书院》，北京：中华书局1992年版，第280页。
[2] 宋应星著，潘吉星译注：《天工开物译注》卷下《杀青·纸料》，上海：上海古籍出版社2008年版，第224页。
[3] 费著：《笺纸谱》，《景印文渊阁四库全书》第590册，台北：台湾商务印书馆1986年版，第439—440页。

印造的情况颇为常见。在全国各种公用纸张中，唯独蜀纸的质量最为人称道。如南宋临安朝廷发行的纸币东南会子并不流通于四川，却仍然舍近求远使用四川楮纸制造。绍兴三十一年（1161年），南宋朝廷宣布发行东南会子。制作东南会子的纸张最初使用另一大造纸产地徽州的纸张，但宋廷最终还是改用成都纸。①一位名叫洪咨夔的临安府籍士大夫在替皇帝撰写他人的晋升文书时，用代表皇帝的口吻夸奖说：纸币流通于东南，楮纸却取自蜀地。四川楮纸做工精致、质地细密，仿制者很难以假乱真。②直到南宋中后期，一来从成都制造再运送纸张到临安的成本过于高昂，二来朝廷需要印造数量甚巨的纸币以应对财政危机，从四川运来的纸张不太够用且速度太慢，宋廷才改为在行都临安生产纸币用纸。

无论徽州纸还是临安纸总有这样或那样的缺陷。东南会子改用其他地方生产的纸张后，许多人还是对成都纸念念不忘。甚至连徽州歙县籍士大夫方回都不得不承认："自四川破，十八界会子及关子用徽州纸，易破烂。聚于行部〔都〕，每贯民间有贴会钱，官司受纳必欲好新楮。"③这段话的意思是，自从四川被蒙古军队攻破后，十八界东南会子和关子改用徽州纸制作，容易破烂。临安城使用会子的"潜规则"有两种：使用者在民间交易中使用纸币，必须多出

---

① 李心传：《建炎以来系年要录》卷一百八十八，绍兴三十一年二月丙辰，北京：中华书局1988年版，第3150页。
② 洪咨夔：《平斋文集》卷二十三《厉模楮纲赏转朝请大夫制》，四川大学古籍整理研究所编：《宋集珍本丛刊》第75册，北京：线装书局2004年版，第210页。
③ 方回：《监簿吕公家传》，收入吕午：《左史谏草》，《景印文渊阁四库全书》第427册，第412页。

些"贴会钱"当作折旧；官府则只收取新而完好的会子。由于实践证明徽州纸和临安纸用于制作纸币时的确不如成都纸，咸淳七年（1271年），朝廷又重新命令四川制造纸币用纸，每年分四次上供两千万张。[①]事实上成都楮纸就是当时最好的造币用纸。

如果不是从成本、距离、速度等方面考虑，宋廷恐怕会坚持用四川楮皮纸制作纸币的方针不动摇吧？幸运的是，四川本地制造、本地流通的交子几乎不存在运输方面的问题。

再来看印刷术。

雕版印刷术在唐五代时期出现并逐渐成为传播知识的重要途径。成都等地很早就出现了雕版印刷活动，许多民间书商依靠印刷佛经和日历获利。

1944年，四川成都望江楼唐墓出土了一张蚕纸质地的《陀罗尼经咒》。这件经咒所在的位置十分有趣——它悄悄地藏在墓中女尸右臂上的银镯里。若不是镯子的破损处稍稍露出些许纸页，考古工作者发现这件经咒的时间恐怕还要推迟些许时日。当时的人们相信，用这样的方式将经咒带在身边可以获得神佛庇佑。经咒全文仅有一列汉字，而恰恰是这列大家都能轻松读懂的文字彰显了它不俗的"血统"。这列汉字包含"成都府成都县龙池坊卞家印卖咒本"等字样。专家们核查史料后指出，成都改称"成都府"是唐肃宗至德二年（757年）之后的事情；结合墓葬本身的形制、该印本的风格和其他随葬器物的类型学特征看，该墓葬的断代最迟大约在公元

[①] 脱脱等：《宋史》卷一百三十四《食货志下三》，第4409页。

800年前后。这件由成都卞姓书商刻印的《陀罗尼经咒》是我国现存最早的印刷品之一，充分说明了唐代成都印刷业的先驱地位。

后蜀政权统治蜀地时，四川本地的印刷业发生了一次巨大进步。广政十六年（953年），在宰相毋昭裔的主持和推动下，蜀地出现了大规模刻印儒家经典、文学经典的热潮，这为四川印刷业在宋代进一步发展打下了极其坚实的基础。

成熟的印刷技术、大量熟练的刻工、质量优良的纸张等因素使得四川成为宋朝著名的刻书基地之一。蜀刻，向来以质量闻名。特别值得一提的是，成都承办了宋朝大型官方工程《大藏经》的刻印工作。开宝四年（971年），宋太祖赵匡胤专门派人到四川成都组织刊刻《大藏经》。所谓大藏经，指汇编佛教典籍形成的全集。开宝《大藏经》的体量很大，刊刻难度比较大，非具有雄厚印刷实力的地域不可承担。开宝《大藏经》共一千零七十六部，五千零四十八卷，雕版十三万块，历时十二年，至宋太宗太平兴国八年（983年）才完成。这套《大藏经》又被称为"宋开宝蜀本大藏经"，在当时便流传至日本、高丽、越南等国，产生了很大的影响。

有如此优秀的造纸和印刷技术打底，交子率先在四川产生时，应该没有遭遇重大的技术难关。

3. 运输交通

大唐开元年间的某个慵懒的午后，大诗人李白正悠闲地卧在榻上闭目养神。睡梦中，他忽然回忆起自己年少时在故乡四川的点点滴滴，想起了二十五岁的自己是如何的踌躇满志，一心想要"仗剑去国，辞亲远游"，去唐王朝广阔的天地里挥洒自己的才华。可好景不长，霎时间天旋地转，梦境中阴云密布，显得阴森恐怖。定睛一看，天空中竟然出现了那些长安城里排挤自己的权贵，奸诈的面庞令人作呕，丑陋的手段让人厌恶。那些人把持着用人通道，可谓一夫当关，万夫莫开。官场的难简直比登天还难，就好像家乡的崇山峻岭，黄鹤之飞尚不得，猿猱欲度愁攀援……

大诗人一下子惊坐起来，全然不知后背的冷汗早已打湿了衣服。虽说是噩梦，可李白竟觉得文思泉涌。他快步来到书桌前，试着让那种凶险的意境在脑海中留存得更久一些，赶忙在稿纸上写下"噫吁戏，危乎高哉！蜀道之难，难于上青天……"二百多字一气呵成。

上述场景当然只是出自我的想象。李白的心路历程我们不可能分析得一清二楚，但"蜀道之难，难于上青天"这句话却深深刻在了后人的脑海里。现如今提起四川的交通，人们的第一印象大概还是"蜀道难"。

蜀道难，确实是四川交通的特点之一。四川盆地可谓隔绝于山水之间，东有三峡天堑，西南为横断山脉，北部又有剑门隔绝。这造成四川具有相对的经济和政治独立性。经济上与外界的联系较少，政治上则特别容易形成割据势力和地方政权。在宋代，四川使用铁钱，与全国大部分地区流通铜钱不同；交子在北宋也没能溢出四川太远；朝廷在统计全国经济数据时，往往将四川的数据单列；南宋四川地区的军政长官有更多便宜行事的特权。

然而四川的交通还有另一个特色。作为国家的西南要地，四川与东、北、南三个方向的经济交流有十分重要的价值，对于国家而言则常常具有财政或战略意义。因此，四川的交通虽然通得难，却通得很重要；在某些时期、某些地点，还通得很频繁。

宋廷对于建设四川交通很是重视。消灭后蜀政权没多久，宋太祖便下令让四川本地的官员兴修桥梁道路。四川的地方官员揣摩皇帝的心思，从中悟出了一条能更快地获得提拔、得到皇帝赏识的路子。史书记载四川等地出现了地方官员经常进言建议大兴土木、修桥铺路来邀功请赏的现象。皇帝和中央高官还不得不想办法做出限制。比如宋真宗就下过一道诏书，告诫说以后地方官员要是再想修栈道，得提前汇报修路的必要性和效益，不要擅自行动、先斩后奏。①

宋朝建设四川交通线路的努力总体来说还是卓有成效的，形成了一套以成都为中心，向四周辐射的巨型交通网络。②

四川往东至内地的交通，主要依靠长江水路。由于水路几乎是四川财物运输至京师开封的唯一渠道，宋廷对长江交通线路的维护格外重视。到了南宋，长江水运的重要性一点也没有下降。成都的机构制作好印造东南会子的楮纸后，便将它们打包装船，通过一种名为"纲运"的运输方式顺流而下，最终送达行都临安。

四川向北的交通则以蜀道作为陆路交通的主要通道。以汉中地

---

① 李焘：《续资治通鉴长编》卷七十三，大中祥符三年正月己未，第1651页。
② 以下关于交通路线设置情况的分类主要见林文勋：《宋代四川商品经济史研究》，第5—11页。

区为中点,栈道分为南北两段。北段大体又可以细分为四条,分别是由子午关经子午谷至汉中;由骆谷至傥谷;由斜谷至褒城;由大散关经凤州至褒城。南段主要有两条,分别是由汉中经利州、剑州、绵州、汉州等地至成都;由汉中经米仓山至梓州。官员、商旅向北出四川至陕西的路线,不外乎上述几条。别看蜀道中的某些栈道修建于悬崖峭壁,狭窄至极,连人带货登上栈道行走仿佛经历了一场惊心动魄的历险,可四川与陕西之间的人员和商贸往来其实十分频繁,貌似狭窄的栈道完全能够支撑大宗商品的流通。川陕之间的陆路交通线,是西部地区最繁忙、最活跃的商贸线路和文化传播之路。

图1-1 (宋)郭熙《寒林蜀道图》(局部)

注:现藏于台北故宫博物院。

川陕之间的交通历来十分重要。早在战国时期,秦王派遣张仪等人攻伐蜀地,秦军即通过栈道入蜀。时人称"栈道千里,通于蜀汉，使天下皆畏秦"①。司马迁在《史记·货殖列传》中介绍蜀地与外界的经济沟通情况时也重点强调了川陕栈道的作用，他说蜀地四塞，靠千里栈道才能无所不通，用丰产之物换取所需的物品。②

　　北宋对于川陕交通的依赖程度很可能较之前更高，主要原因是战争带来的资源需求。1038 年，北宋王朝的西北部诞生了一个全新的民族政权——西夏。西夏是一个武力强盛、具有开创精神，同时又敢于在周边几个大国之间周旋的政权。西夏的地位是靠自己实打实打出来的。建国没多久，西夏分别与宋朝和辽国在战场上刺刀见红，都取得了胜利。此后辽、西夏、北宋三者长期保持"三国鼎立"的态势。值得一提的是，以艺术家著称的宋徽宗和臭名昭著的宦官童贯，倒是主动发兵攻西夏，并获得了不错的战果。只是宋徽宗可能怎么也想不到，自己从巅峰到地狱竟然如此之快，而西夏居然直至遭受不可一世的蒙古大军的进攻才被消灭，比北宋灭亡不知晚了多少。远在开封的宋廷长期以来将西夏作为国境西北部的心头大患，与之接壤的陕西自然成为大军驻扎之地，需要大量军需物资支撑。经过历代王朝的战火和索取，陕西虽仍有秦州等西北都会城市，但整体的经济实力已不复往日的辉煌。战争仿佛一个无底洞，吃尽了陕西的财赋，却仍不满足。宋廷只能通过各种手段调拨或采购外地物资供输陕西，而四川正是主要的后勤来源地。四川交子走出四川，进入国家财政领域，就是通过军需驱动下的川陕物资贸易往来。比方说宋仁宗庆历七年（1047 年）二月己酉，皇帝下诏命令

---

① 司马迁：《史记》卷七十九《蔡泽列传》，第 2423 页。
② 司马迁：《史记》卷一百二十九《货殖列传》，第 3262 页。

益州向秦州提供交子三十万贯，招募商人入中粮草供秦州的官府收购。①为什么要调拨交子入陕？原来，某些向皇帝进言的官员指出：许多四川商人在秦州经商。现在秦州缺乏军储，可以用交子购买这些四川商人入中的物资。②这是交子进入国家财政体系参与西北军需供输的主要方式，我们将在后面的章节中详细讨论。

四川与西南方面也有比较成熟的交通路线。宋人与西南少数民族乃至外国交通，均有赖于这些交通设施。

综合经济与交通来看，四川是同时代经济水平数一数二的地区，本地的产品足够丰富，甚至还有余力向外地运输或销售。这倒不是说四川当地没有吃了上顿没下顿的穷人，而只是根据史料记载在经济总产量方面得出的结论。贫富差距、阶级矛盾等问题，不仅赵宋王朝解决不了，整个中国古代的王朝也难以解决，我们在此先按下不表。地形四塞，又与外地保持较为通畅的交通线路，使四川经济处于"达则兼济天下，穷则独善其身"的状态：平时安心谋发展，一旦国家需要，就有足够的资源支援。相对而言，四川内部的经济发展受外部影响较小，这种隔绝性促使四川孕育了某些内生的发展模式和创新成果。交子，就是最具代表性的金融创新成果之一。

---

① "入中"一词在宋代财政史料中十分常见，指商人以实物或货币输纳于官府的行为。宋廷推行入中制度的目的在于借用商人的资本与运输能力，为西北地区提供军需物资。
② 李焘：《续资治通鉴长编》卷一百六十，庆历七年二月己酉，第3862页。

经济自由之地

20世纪30年代,一位年轻的中国学生向美国哥伦比亚大学提交了名为"Key Economic Areas in Chinese History, As Revealed in Development of Public Works for Water-control"的论文。凭借这篇论文,他顺利获得经济学博士学位。1936年,英国伦敦乔治·艾伦和昂温有限公司出版了这篇言简意赅的学术论文。出版社的编辑们也许的确从论文中找到了足够多的过人之处,但他们或许在拍板之前也曾犹豫过是否应该出版这位无名东方年轻人的作品。毕竟说到底出版社还是企业,销量才是核心问题。幸运的是,出版社慧眼识人,这部书很快引起了国际学术界的重视。英国科技史专家、"李约瑟之问"[①]的提出者剑桥大学教授李约瑟高度评价此书,说:"这一著作,也许是迄今为止任何西文书籍中有关中国历史发展方面的最卓越的著作。"[②]

这样一部颇受西人重视的汉学研究很快传回国内,引起了吴景超、胡适、费孝通、张荫麟等知名学者的关注。他们撰写了不少书评,或称赞,或批评,就该书的研究路径和某些具体论述提出了中肯的意见。然而受到某些因素影响,该书的中译本《中国历史上的基本经济区与水利事业的发展》直到1979年才由水利史专家朱诗鳌翻译完成,于1981年由中国社会科学出版社出版。许多研究者

---

① "李约瑟之问"长期困扰中国学术界和舆论界,引起了许多回应。这一问题可简单概括为为什么现代科学没有出现在中华文明,而只在欧洲文明发展出来。
② 冀朝鼎:《中国历史上的基本经济区与水利事业的发展》,朱诗鳌译,北京:中国社会科学出版社1981年版,"译者的话"第2页。

和学生直到此时方才接触到冀朝鼎近五十年前的深刻思考。

冀朝鼎在书中提出了一个颇具学术延展性的概念——基本经济区。作者解释道：

> 中国的统一与中央集权问题，就只能看成是控制着这样一种经济区的问题：其农业生产条件与运输设施，对于提供贡纳谷物来说，比其他地区要优越得多，以致不管是哪一集团，只要控制了这一地区，它就有可能征服与统一全中国。这样的一种地区，就是我们所要说的"基本经济区"。①

我认为，要成为基本经济区，必须拥有两个条件：农业等经济条件发达，能够提供维持中央政府等核心国家机器运转的贡赋。唐宋之际，长江流域逐渐代替黄河流域成为国家的基本经济区，首都与基本经济区之间通过运河联系起来。东南地区每年需要通过漕运向开封运输大约六百万石粮食，供常驻开封的北宋皇室、官员、军队开销。这足以说明东南地区拥有足够丰富的粮食产量，民众能够承担相当高的赋税压力，东南地区与首都开封之间有比较顺畅的交通运输渠道。至于开封周围的京畿地区虽然承担了不少供输首都的财政义务，近郊农民收获主粮、蔬菜等副食后也多贩卖至都城，②然而其重要性已被东南漕运甩在身后了。隋唐以降，历代大一统王朝

---

① 冀朝鼎：《中国历史上的基本经济区与水利事业的发展》，第10页。
② 有学者认为，北宋开封近郊完成了由政治礼仪功能向经济产业的过渡，近郊农业有赖于城市消费需求，可作为都城经济结构的必要补充。见梁建国：《北宋东京近郊的农业转型》，《中山大学学报（社会科学版）》2020年第6期，第65—75页。

第一章 起源：为什么是四川

的经济命脉便是大运河，如何更稳定地将基本经济区与都城连接起来，成为王朝的核心政务。

四川拥有悠久的开发历史、雄厚的经济基础，但在中国历史上基本只作为某些四川本地割据政权的基本经济区，例如三国时代的蜀汉、五代十国中的后蜀。没有成为基本经济区未必是一件坏事，反而意味着四川完成朝廷规定的基本赋税任务后，不必经常承受额外的财政压力。说得更通俗一些，开封的北宋朝廷可以少收一点四川赋税，却不能对东南漕运放松丝毫。两地的经济水准或能一较高下、各有所长，财政地位则大相径庭。因此，四川能够把相对较多的经济产出和资金保留在本地，或积累或消费或用于再生产。总之，"肥水不流外人田"。

我不太清楚宋朝统治者是否有过给予四川更多财政任务的打算。这些未落实的想法，不会留存于史料的白纸黑字中。除了刚刚消灭后蜀政权，宋廷从蜀地搬运出不少的财富外，四川在很长时间内基本没有承受大量额外的财政负担。事实上，统一某个地区便先将该地的财富运走，是赵宋王朝的"常规动作"，四川并非特例。至于前文提到的川陕贸易，陕西地方官府才是主要的被考核对象，官方只能通过种种手段招诱四川商人出售物资，却无法考核他们。

对于传统王朝，财政收入当然如韩信点兵，多多益善。宋廷没有过多关注四川，应该有难以解决的限制条件，我认为地理交通条件应该是其中最主要的一项。

宋廷很早就意识到四川的地理条件和经济形态很有特点，因此在保留中央王朝经济集权的同时，给予四川本地比较高的自主性和自由度。

首先,北宋朝廷给予四川比较轻的赋役负担。北宋前期,四川在上供正赋之外,只需再缴纳绢30万匹、布70万匹,绢、布都按每匹300钱计算。因此,四川每年在上供之外,只需要再上交钱30万贯而已。[1]在当时的官员看来这个体量并不大。

其次,四川的茶、盐、酒都没有立即实行全面专卖制度,对民间交易相对放任,后来才逐渐由官方禁榷管理。史书对于北宋前期四川的茶、盐、酒政策均有明确记载。

茶法方面,"天下茶皆禁,唯川峡、广南听民自买卖,禁其出境"[2]。

盐法方面,全国大部分地区的盐由盐丁从地表水中晾晒制得,如东北、东南沿海地区制作海盐,陕西解州(今山西运城)则以咸水湖为基础晾晒池盐。四川当地则盛行一种打井抽取地下卤水,再煮卤成盐的制作方式,被形象地称为"井盐"。现在四川省自贡市设有盐业历史博物馆,展览内容非常丰富,有兴趣的朋友可以在品尝自贡盐帮菜的同时,稍稍了解当地制盐的历史。宋人开凿井盐的技术较前代有大幅进步,大约在宋仁宗庆历年间,以"卓筒井"为代表的小口深井出现。相比于传统的大口盐井,制作一口卓筒井仅需将岩石凿开碗口大小,盐工再利用带有活塞阀门装置的竹筒从地下提取卤水。从地下采集卤水的制盐方式、小口深井技术的出现,

---

[1] 李心传:《建炎以来朝野杂记》乙集卷十六《财赋》,北京:中华书局2000年版,第801页。

[2] 脱脱等:《宋史》卷一百八十三《食货志下五》,第4478页。

使制盐在四川变成了一种比较容易,同时又颇为隐蔽的活动。据学者统计,宋代官方控制的盐井有近千处,年产量总计超过一千万斤。这听起来已十分丰富,然而一位名叫赵开的官员曾于南宋绍兴二年(1132年)清查公私盐井,总计盐井四千九百处,年产量六千余万斤,可见产盐量之丰富、私盐量之巨大。宋廷对于四川盐业的管理较为宽松。朝廷根据盐井的大小,将大盐井称为监,小盐井称为井。监由官方掌控;井则允许民营,如数缴纳课税后,商人便可以到周边地带贩卖,只是不能卖出川(峡)之外。①

酒法方面,四川地区从五代以来推行卖官曲制。也就是说,酿酒者从官方购得酒曲之后,便可以自由酿酒和销售了。宋太宗初年,赵光义听从了官方榷酒能够便民的说法,在四川创置官酒务,由官府自产自销。结果此举不仅未能便民,还激起了抗议的声浪,朝廷因而恢复旧制。不过,酒毕竟是国家财政,特别是地方官府收入的重要来源,夔州路之外的四川各地后来又逐渐重新出现了官酒务。

对于四川相对偏远和贫困的夔州路,宋廷的态度是减少赋税,官不榷酒,不禁茶盐,以安抚边民为第一政治要务。②随着统治时间延长、军事压力增加、财政开支加剧,宋廷也不可避免地落入俗套——通过种种途径增加赋役,四川的财政负担因而不断提高。覆巢之下,安有完卵?全国皆然,并非四川单独受害。

---

① 脱脱等:《宋史》卷一百八十三《食货志下五》,第4471页。
② 司马光:《涑水记闻》卷十五,北京:中华书局1989年版,第306页。

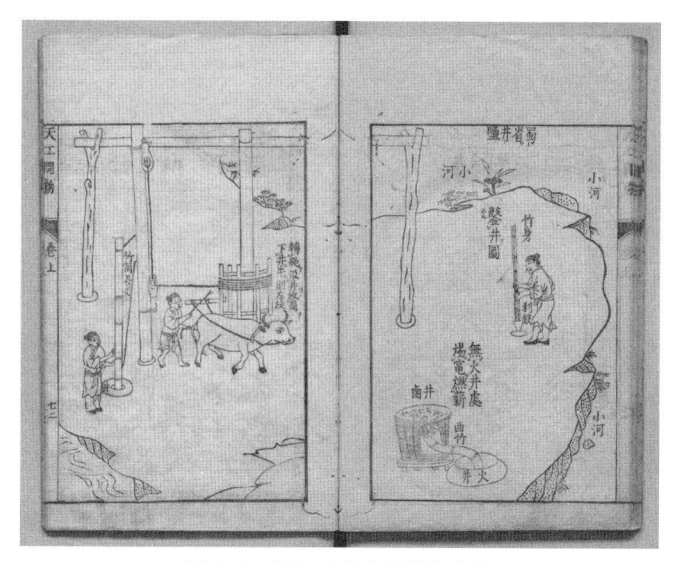

图 1-2 《天工开物》的井盐生产

注：日本内阁文库藏，明和八年刊本。

总体而言，宋代的四川是幸运的。作为一个经济发达又距离首都遥远，并非基本经济区的地域，四川拥有相对宽松和自由的经济环境。从茶、盐、酒专卖规定看，朝廷特别在意"禁其出境"，也就是不能随意把宽松环境下的四川产品卖出境外。这对于商业活动足够繁荣、人口足够充足、地域足够广阔的四川而言恐怕没有太多影响，"天府之国"有底气搞"内循环"。朝廷所担心的只是四川"特权"流出后可能引发外地财政经济秩序的混乱。

或许正因如此，在不输出外地、不影响财政收入等大前提下，四川自由的经济环境更加能包容充满创意的新兴事物，也较少受到外界的强力干预，不至于刚有苗头便被无情扑灭。交子起先由民间自发形成，倘若其出现于某些管理特别严格、财政压力特别巨大的地区，恐怕就不存在发展的空间了。

不匹配的货币

除了特殊的地理条件和财政政策，还有一个造成四川经济相对独立的核心原因——货币。

在北宋王朝统治的绝大部分时间里，金属铸币是最主要的货币。与西欧不同，宋朝几乎没有发行可用于日常流通的金币和银币，铜钱与铁钱可以说是当时人脑海中仅存的两种铸币形式。不过，铜钱与铁钱的流通区域并不一致，北宋统治者人为地将全国划分为若干块货币流通区域。全国大部分地区使用铜钱，少数地区同时流通铜钱与铁钱，而只有四川是纯粹的铁钱区。比四川的地理条件更闭塞的是，宋廷规定四川铁钱不得外流，外地铜钱也不得在四川流通。

货币不同，导致四川与外地的交易多只能通过物物交换的形式，或者使用官定或民间流行的特定票据来完成。当然了，我们前面说四川本身是一个足以实现"内循环"的庞大经济体，对外货币交易不方便也许并不算是伤筋动骨的问题。如果某些交易活动由官府自己提出和交易，或在官府的控制和指导下完成，商人们通常还不太需要担心货币问题。铁钱真正的问题是，不适应四川商业流通的需求。

1. 为什么流通铁钱

成立于934年的后蜀政权的确曾经铸造铁钱并流通。不过后蜀政权主要使用大蜀通宝、广政通宝等铜钱，铁钱只是临时之举。据宋人记载，后蜀政权铸造的铁钱颇为精致，几乎能与铜钱混杂而难以分辨。虽然当局和市面上将铜钱与铁钱的比价定为1∶2.5，但因为二者实在难以辨认，铜钱、铁钱在实际流通中往往混杂且等价使用。[1]即便在后蜀政权被宋朝消灭后，铜、铁钱的差价也没有很快被拉大。乾德四年（966年），宋朝官员报告称四川铁钱一千一百相当于铜钱千文，可见二者的差价微乎其微，在小额交易中或许仍然能够等价流通。[2]

不过，铁钱继续流通并成为四川地区唯一合法的铸币，并不是后蜀经济传统自然延续的结果，而是宋廷施以超经济强制力造成的。

蜀地纳入北宋版图后，宋廷指令四川铁钱可以继续流通。但对于铜钱，则不惜成本运输至开封。理由也很简单，四川的政局在五代时期比较稳定，受到战乱破坏不大。宋廷便希望把四川的财富运往开封，补充中央的财政收入。在今人看来，这种做法是对四川地区财富的掠夺，因为宋廷对于其他新统治区域的做法是大量发行新铸优质铜钱，将原政权发行的铁钱或劣质铜钱挤出流通领域。宋廷在其他地方"贴钱"办事，在四川却大肆"收钱"。当时的四川人真真切切地感受到货币制度突然发生重大变故给自己生活造成的混乱。

---

[1] 李焘：《续资治通鉴长编》卷二十三，太平兴国七年八月戊寅，第525页。杨仲良：《皇宋通鉴长编纪事本末》卷十一《蜀钱》，南京：江苏古籍出版社1988年版，第219页。

[2] 曹学佺：《蜀中广记》卷六十七引费著《钱币谱》，《景印文渊阁四库全书》第592册，第118页。

宋廷的大致做法如下：增铸铁钱兑换民众的铜钱再上供；增铸铁钱，购买金银再上供；索取铜器，铸造成铜钱后再上供；禁止外界铜钱流入四川。很快，四川本地的铜钱几乎流失殆尽，铁钱成为市面上唯一的铸币。因数量比严重失衡，铜、铁钱之间的比价和后蜀时期的1∶1相比，可谓有天渊之别。最开始铜、铁钱比价下降至1∶5，[①]尔后情势急转直下，竟固定为1∶10。[②]

从现代货币学的角度看，铜、铁钱比价如果能稳定在1∶10，其实不会形成特别糟糕的流通困境。[③]稳定，是货币流通领域最重要的因素；稳定，才能够让人放心地用货币代表自己的财富；稳定，才使得买方与卖方、债权人与债务人公平交易。比方说南宋晚期，十七、十八界东南会子同时流通，二者的比价是5∶1。可是，相对值钱的十八界东南会子也出现了较大幅度的贬值，面额一贯者实际才值铜钱约二百五十文，十七界会子一贯才值铜钱约五十文。看起来二者分别贬值75%和95%，而由宋入元的方回却感叹道："庚子至甲子，岁越二十五，民颇安之。"[④]足见稳定的币值在民众心中的地位。因此，限制铜钱在蜀地流通这一政策可能没有太大的缺陷，问题恰恰出在货币流通领域的变化太大、太快，严重影响了币值和物价的稳定。除了少数本就以风险为家的投机者，绝大多数货

[①] 曹学佺：《蜀中广记》卷六十七引费著《钱币谱》，第118页。

[②] 杨仲良：《皇宋通鉴长编纪事本末》卷十一《蜀钱》，第219页。

[③] 我的看法并不表示1∶10比价很方便，只是如果该比价能够保持稳定，则没有那么糟糕。毕竟铜钱的购买力在宋朝不高，人们去市面上买一杯凉水都需要花费一二文。用铁钱代表铜钱十分之一的币值毫无必要。

[④] 方回：《监簿吕公家传》，第412页。庚子年指十八界会子发行，并与十七界会子共同流通的嘉熙四年（1240年）；甲子指十七界会子退出流通的景定五年（1264年）。

币持有者和货币需求者在突如其来的改革浪潮中显得无所适从。

2. 朝令夕改

你以为这就结束了吗？其实这才是开始。

宋太宗赵光义在太平兴国四年（979年）解除了四川的铜钱禁令，宣布当地民众可以混合使用铜、铁钱，只是不能将铜钱带出省境，违者将受到严刑处罚。同时，民众缴纳两税和其他赋税时，需要遵循一分铜钱、九分铁钱的比例。[①]

如果从理性出发制定政策，既然在铜钱稀缺的四川要求民众缴纳铜钱，那么铜钱铸造业应当恢复。同时，市面上必须存在相当数量的铜钱，若民众已经普遍持有铜钱则是最好的情况。如此，新政策才有推行的现实基础，决策者在拍板之前才有政策能够顺利落地的预期。

问题是，宋廷变更四川货币之前没有做好"理性"的准备。尽管从某些史料来看，宋廷也许有增加四川铸钱量的计划，却肯定未能实施。众人手中没有铜钱，只能急于抢购，因而引发了一系列市场骚动。外地商人闻风而动，纷纷来到四川贩运铜钱以赚取高额差价。铜、铁钱的差价在完全不对等的存量和需求下越拉越大，达到了1∶14。

负责此地财政等事务的官员聂咏、范祥等却不为所动，甚至可

[①] 李焘：《续资治通鉴长编》卷二十三，太平兴国七年八月戊寅，第525页。曹学佺：《蜀中广记》卷六十七引费著《钱币谱》，第118页。

能觉得形势大好。① 他们二人向宋太宗上书建议，称：民众乐于缴纳铜钱。因此可以每年让铜钱纳税的部分增加一分，十年之后便可全部收取铜钱。远在开封的宋太宗自然弄不明白四川的真实情况。看到二人的联名奏议，他大概面露喜色，觉得自己主导的四川重新流通铜钱的政策大获成功，于是欣然听从了聂咏和范祥的建议。

真相究竟如何？聂咏、范祥二人为何要向皇帝谎报真实情况？原来，他们和商人采取一样的玩法，利用铜、铁钱差价大肆牟利。二人将自己官俸中的铜钱拿到市场上高价卖出，税款中铜钱的比例越高，他们能够赚取的不义之财自然越多。到太平兴国七年（982年），赋税中铜钱的比例已增至三分。与某些官员稳坐钓鱼台、大发政策财不同，民间疾苦可谓深矣。市场交易变得萧条，民众日常生活的主要内容从尽力劳作让自己过上好日子，变成动手动脚找铜钱。"八仙过海，各显神通"，为了获取铜钱或铜料，有人破坏佛像，有人毁坏生活用品，有人盗掘古墓，但效果显然都不太好，而因此违法罚金服刑者却不少。

面对如此惨状，一些有良心的官员再也无法坐视不管。益州知州辛仲甫向皇帝上书痛陈聂咏、范祥等人的弊政。宋太宗一时无法判断不同来源信息的真伪，只好派遣特使到成都走访调查。得知特使即将抵达成都，辛仲甫召集成都各辖县的官员询问意见，结果众人大多首鼠两端，既不愿得罪聂咏、范祥，又不想得罪辛仲甫。辛

---

① 此范祥不是我们更为熟悉的理财专家范祥。除了此次丑闻，前者几乎没有在宋代史料中露面，后者长期在西北地区任官，于宋仁宗统治时期设计并负责组织了陕西盐法和入中制度的改革。他的改革政策在一段时期内帮助北宋朝廷节约了军需采购经费，稳定了陕西食盐与军需物资的相对价格，亦影响了元、明盐法的制度设计。

仲甫很是生气，搬出家国大义怒斥一番。他说：你们这些人都是御前及第的天子门生，为什么不从长计议，反而为了某些官员的个人私利如此遮掩？此言一出，各县官员无不服从，纷纷告知特使现行政策的不便之处。①

辛仲甫与各级官员的陈情被特使如实地记录下来，呈交给迫切希望了解实情的宋太宗。最终，皇帝下诏称剑南东西、峡路各州在收税时不要向民众收取铜钱，又将聂咏、范祥和其他几位向民众高价贩卖铜钱的官员下狱或免为庶人。②

如此折腾一番，结果是恢复到全用铁钱的局面。宋太宗当初究竟为什么宣布四川混合使用铜、铁钱，史书中没有十分明确的记载，没有人知道具体的理由。也许，皇帝本人相当熟悉四川彻底改用铁钱的来龙去脉，他的决策出发点是让四川民众恢复到过去那种富足幸福、安居乐业的状态，可结果却走向了反面。

3. 低微的币值

除了币制动荡不安，铁钱低微的币值也给四川经济活动造成诸多不便。宋初铸造的铁钱与后蜀铁钱形制类似，后人称其为"小铁钱"。几经折腾，小铁钱与铜钱的比价终于抵达惊人的 10：1，可谓币值极低。根据宋人记载，小铁钱十贯重六十五斤，即一贯重六斤半。与之相对比，宋廷在平定各政权后进行了一系列的货币整顿，

---

① 李焘：《续资治通鉴长编》卷二十三，太平兴国七年八月戊寅，第 526 页。
② 李焘：《续资治通鉴长编》卷二十三，太平兴国七年八月己卯，第 526 页。

其中包括禁止各地的恶劣小钱流通。宋太宗太平兴国二年（977年）规定铜钱每贯必须重达四斤半才能流通；统一江南后，又将铜钱重四斤半的标准推行至江南。至于宋朝自己新铸铜钱的重量，也大体在每贯四斤半左右。以宋朝最著名、产量最大的铸钱中心之一饶州（今江西鄱阳县）永平监为例，宋初时人称其用唐代开元钱料铸钱，铸造的铜钱经久耐用。永平监铸铜钱的配方是一年铸钱三十万贯，用铜八十五万斤、铅三十六万斤、锡十六万斤，[1]折合下来每贯重四斤半多。此处的铜、铅、锡指用料，实际铸造中会有所损耗，因此永平监所铸造的优质铜钱的重量，大约也是每贯四斤半。

　　曾经在后蜀时期使用铜钱，还与铜钱等价使用铁钱的四川人，在入宋后遭受的不便，由此可见一斑。和今人用钱相比，古人用钱肯定是一件体力活，而北宋初期的四川人用钱，则是一件重体力活。一贯小铁钱本就比一贯铜钱重两斤，其币值还只有铜钱的十分之一。因此，四川人实际需要手持小铁钱六十五斤，才抵得上四斤半铜钱的购买力。我觉得当时的四川人居家旅行恐怕必备小推车，否则真没法携带小铁钱出门。四川人的臂力可能高于北宋全国的平均水平，毕竟出门购物就相当于负重锻炼。如果时空可以穿梭，那些在严重通货膨胀时期用麻袋装着纸币购物的民众，要是见到宋初四川民众的交易实景，或许会在心里默默感慨自己的处境原来还不是那么艰难。

　　一些四川官员注意到了小铁钱的各种不便之处，纷纷想方设法

---

[1] 李焘：《续资治通鉴长编》卷二十四，太平兴国八年三月乙酉，第541—542页。

谋求改变。可是再精明的发明家也难以创造超越时代的工具，铸造大钱这个传统做法屡屡见于北宋四川官员的奏议中。

淳化二年（991年），宗正少卿赵安易上书说自己曾经到过四川，感受到了当地货币流通中的问题。他向宋太宗报告小铁钱币值太低，四川民众市场交易很不便利，买一匹罗竟需要两万钱。他建议如刘备统治时期，在四川铸造当十铁钱。或许上次在四川恢复铜钱的打击依然存留在皇帝的脑海中，这次宋太宗没有着急做决定，而是先召集高级官僚集体讨论，看看大家怎么说。吏部尚书宋琪等人认为：刘备为什么要铸大钱？因为当时蜀国缺钱。现在四川铁钱币值都低成那样了，说明铁钱数量太多，赵安易竟然还要提议铸造大钱，该意见不是长久之计。

遭到恶评，此次上书的结果应该不好。可是赵安易对自己的看法异常坚持，他招募工匠精心铸造了百余枚大钱进呈，希望用最高级的质量博得皇帝的青睐。结果事倍功半，颇有些聪明反被聪明误的意思。恰恰因为没有添加所谓的"杂质"，这批大铁钱样品的质地坚硬而生脆。赵安易在进呈时没能控制好太过激动的心情，双手一抖，把钱掉在了地上——全碎了。

场面一时十分尴尬。最后，皇帝亲自出招，化解了鸦雀无声的尴尬场景。他不仅没有怪罪，反而笑着嘉奖了赵安易的诚意，鼓励他大胆推行铸大钱政策，回四川放开手脚加油干。可是，赵安易的设计确实有不当之处，当初宋琪等人的意见其实不误。铸大钱政策推行后亏损严重，而且一年才铸得成品三千多贯。一时间舆论哗然，不得不终止。[①]看来，宋太宗心里可能早已洞察问题，只是不想由自己来做那个恶人。

赵安易作为提议铸造大铁钱的"前浪"，被舆论无情地拍死在沙滩上。可四川人使用货币的不便还是和之前一样糟糕。人们一方面抱怨赵安易制作的大铁钱难用，另一方面还是得肩扛腰缠同样难用的小铁钱。

时间来到宋朝第三位皇帝宋真宗赵恒的统治时期。赵恒作为皇帝，留下了几件让当时人和后人在茶余饭后闲聊的谈资。一是在寇准的坚持下御驾亲征，最后和辽朝签订澶渊之盟。这份盟约带来了宋、辽之间几十年的和平，但到底不是"扬我国威"的表现，人们总是批评盟约中的岁币是多么的耻辱。二是天书封禅。赵恒崇信道教，在皇帝位置上坐得越久，对道教的狂热便越甚。澶渊之盟签订后，皇帝紧绷的神经忽然松弛了下来，道教似乎成为无可替代的精神寄托。某日皇帝召集群臣，宣布神人会降下天书。结果宦人真的在某地发现了天书，于是群臣上书称贺并建议皇帝去泰山封禅。这当然不是什么真正的天书，而是宋真宗与某些心腹大臣精心策划的一场政治戏剧。此后，宋辽问题靠边站，如何举行封禅典礼竟然成为庙堂之上的头等大事。

宋真宗上台初期其实十分勤政，把国家治理得井井有条。而也正是在宋真宗统治时，四川的货币领域出现了两大变化。其中之一是大铁钱正式发行，其二便是交子出现。

[①] 脱脱等：《宋史》卷二百五十六《赵安易传》，第8941—8942页；卷一百八十《食货志下二》，第4378页。

赵安易的设想在十余年后的景德二年（1005年）终于变成现实。嘉州、邛州等地的钱监开始铸造每贯用料30斤，成品重25.8斤的大铁钱。官方宣布大铁钱与小铁钱、铜钱的比价是1∶10∶1。前面和大家提过，小铁钱一贯的重量大约是6斤半，因此一枚大铁钱的用料差不多相当于四枚小铁钱，大铁钱属于虚值货币。

看起来景德大铁钱既能够让官府赚走虚值带来的铸币税，又可以方便普通民众的交易。可是，宋代史料告诉我们景德大铁钱还是太重了。十年后的大中祥符七年（1014年），有官员报告称大铁钱太重，老百姓多熔化铁钱铸成器物。一贯可以得铁25斤，能卖钱两贯。也就是说，铁钱的币值赶不上铁的价格。这位官员建议放弃大铁钱，铸造以一当十的大铜钱。皇帝和主管国家财政的三司不置可否。此时，益州知州凌策上书，认为可以进一步减少大铁钱的用料来降低重量，一贯仍然值小铁钱十贯，但重量仅为12.1斤。这样便可以让人们携带更为方便，同时使熔钱铸器者无利可图。[①]皇帝同意了他的意见，由此揭开了祥符大铁钱铸造和流通的序幕。此后，铜钱、祥符大铁钱的比价基本稳定在1∶2。这样看来，所谓的大铁钱，在最普通的铜钱面前也还是直不起腰来。

学者认为，此后宋史史料中见到的四川铁钱，特别是以两枚当铜钱一枚者，都是祥符以后铸造的大铁钱。[②]那么，小铁钱和景德大铁钱会去哪里呢？我认为，这两种铁钱将渐渐地从流通领域消失，人们没有理由继续持有更重、更足值，而币值却更低的货币。

---

① 李焘：《续资治通鉴长编》卷八十二，大中祥符七年二月癸酉，第1865—1866页。
② 高聪明：《宋代货币与货币流通研究》，保定：河北大学出版社2000年版，第248页。

祥符大铁钱推出后，有人以其作为参照系讲述小铁钱究竟有多么笨重：

> 小钱每十贯，重六十五斤，折大钱一贯，重十二斤。街市买卖，至三五贯文，即难以携持。①

这段古文清晰易懂，没有需要特别翻译或解释的地方。作者认为手持三五贯小铁钱（约 19.5 斤到 32.5 斤）很困难，体现出宋人和当代人对于重量感知的差异。如果让您带着三五贯小铁钱上街购物，或者打个折扣，两贯小铁钱，您愿意吗？

熔钱铸器是另一大可能发生的现象。既然景德大铁钱都被人熔化，用料更扎实的小铁钱自然难逃厄运。从史书的记载来看，小铁钱和景德大铁钱的出场率不断下降，直至几近于零。

同样用铁作为原料，人们拿着铁钱上街购物累死累活，而把铁钱"改造"成器物或者铁块之后，反而更加值钱，这又是为什么呢？我想这恰恰说明在某些特定情况下，金属货币也可以仅作为某种符号出现，其内在的金属价值并不起到决定性的作用。明明用料差不多，后蜀时期小铁钱与铜钱的比价接近 1∶1，而北宋小铁钱的币值仅为铜钱的十分之一；明明一枚景德大铁钱的用料大约相当于四枚小铁钱，前者的币值却能达到后者的十倍；明明祥符大铁钱的用料只有景德大铁钱的一半，而两者的比价可以达到 1∶1，币值还

---

① 李攸：《宋朝事实》卷十五《财用》，北京：中华书局 1955 年版，第 232 页。

是小铁钱的十倍。如果坚持用金属价值来讨论上述情况,很显然将会落入困境。由此可见,作为货币的铁钱与制作器物的铁性质完全不同,两者没有直接的联系。

另外做一个假设,如果朝廷宣布大铁钱与铜钱比价为1∶1,或者1∶2,又会发生什么呢?四川的货币流通领域恐怕将发生一场剧烈,甚至波及外地的混乱,朝廷的规定将变成一纸空文。外地商人拿着标价铜钱五百文的商品来到四川,准备按大铁钱一千文的价格出售。结果发现官府宣布铁钱与铜钱的比价为1∶2,这款商品只能卖得铁钱二百五十文。这位商人或许将采用以下选择:第一,不卖,及时止损;第二,偷偷加价出卖;第三,在离开四川前兑换货币时,坚决要求必须按官定将铁钱换回铜钱。否则他将在四川损失惨重,因为当存在跨区域的经济往来时,铁钱能不能比铜钱更值钱,不是朝廷或者四川一个地区说了算的。在官方命令之外,民间很可能会形成某种自律的货币流通机制。而当"大"铁钱的币值比"小"铜钱还要低时,铁钱的含铁量究竟有多少,有时不太重要。因为铁钱的币值实在是太低了,含铁量高一点或低一点,无伤大雅、无人在意。这恐怕是减重一半的祥符大铁钱能够与景德大铁钱保持币值一致的原因所在。

类似的现象同样在欧洲历史上发生过。本书"引子"提到的《小零钱 大问题》一书就生动地记述了欧洲历史上的小额货币是如何运作的。当时欧洲主流的金、银币币值过于高昂,无法满足民众日常交易的需求,官方机构也不太在意小额货币的制作情况,以及流通领域陷入小额货币不足的尴尬境地。于是,一些统治者允许铜等贱金属制作的小额货币（因这些金属容易氧化发黑，这些小额货币又被称为"黑钱"）在自己的某些统治区域内不限量流通，并规定它们与金、银币的比价。黑钱的币材价格极为低廉，官方规定的比价着实是大大"抬举"了这些贱金属货币。如此不合乎金属价值的比价当然容易造成反面影响，即人们手持大量制作粗糙的小额货币去购买真正值钱的财物和服务，导致金、银币退出流通，商人闭门谢客。欧洲人想到了这一点，于是规定：当交易额超过一定数量时不允许使用小额货币，只能用金、银币交易。此举收获良好的效果。也就是说，当小额货币在限定的空间范围和交易额内流通时，币材价值不属于决定小额货币能否顺利流通的因素。

由此，我们解决了大铁钱为何能够顺利流通的问题。可当时的四川人还留着一个尚待解决的重要问题：铜钱与铁钱的比价从1∶10变成1∶2固然好，但铁钱的购买力还是太低了。面对真正的大额、长途贸易时，大铁钱肯定还是拿不出手，该怎么办呢？

第二章
生发：交子的诞生

纸币是当今世界的主流货币，但世界上没有一种名叫"纸币"的货币，只有人民币、美元、英镑、欧元、日元等各主权国家或地区发行的名称各异的货币。细细考究纸币的名称，每一种都可以牵引出一串串复杂历史，有时甚至还能追溯至金属货币尚是主要货币的遥远岁月。欧元年纪最轻，可要讲述欧元为什么能成为货币名称和货币单位，恐怕也得提到《罗马条约》、欧共体、埃居、蒙代尔等许许多多的人和事。

宋朝也是一样。宋朝人基本不用"纸币"这个名词。"纸钱"倒是用，却基本上指丧事中用的那些做成铜钱形状的东西，和社会上流通的货币没有太多关系。用楮皮这一原料来作为纸币名称，可能才是宋人更习惯的用法，纸币在宋朝因而多被称为"楮币"。楮币只是一个泛称，没有一种正式名称叫作楮币的货币。我们从史书中见到的宋代纸币名称很多，比如交子、会子、关子，每一种都不同于今人的用法，而且交、会、关、子这四个字看起来没有一个与钱有什么关系。如果不是专业研究者，看到交子之类的名称大概会很头疼；对于翻译工作者来说更是如此，除非只是简单地把交子的汉语拼音 Jiaozi 作为英文名称。比方说《中国大百科全书》的作者撰写、修订第三版时，就把几种宋代纸币合写成"交子、钱引、会子、关子"这一个词条，统一翻译为 paper currency（纸质通货）。[①] 反观金、元、明的纸币，大都叫作"钞"或"宝钞"，对于熟悉"钞票"一词的现代人来说通俗易懂。宋人在想什么，还真有点摸不着头脑。

那么，交子究竟在宋朝是什么意思呢？总不能我们这厢高调宣传交子是世界上最早的纸币，那厢被"交子是什么意思"之类的问题问蒙吧？

交子的含义问题曾经引起过前辈学者的兴趣，其实这个问题也应该是研究交子首先需要解决的，否则相关研究好像显得"名不正而言不顺"。宋代经济史研究的先驱、日本著名历史学家加藤繁觉得交子、会子、关子都是意思差不多的词语。交、会、关都有会和、对照的意思，因此交子、会子、关子要么指对照的凭证，要么指对照后证明无误的证据文件。他的说法稍稍显得笼统。[②] 宋代货币史专家汪圣铎特别区分了交子、会子、关子的意思。他认为会子的"会"字是结算的意思，会子的本义是结算凭证；关子的"关"指通知，关子也是由关牒转化而来；而交子的"交"意思是交纳，交子就是交了钱的凭证。至于"子"，汪先生推测"子"是民间土

[①] 交子、钱引、会子、关子，《中国大百科全书》（第三版）网络版。
[②] [日]加藤繁：《交子、会子、关子的语义》，收入《中国经济史考证》第二卷，吴杰译，北京：商务印书馆 1963 年版，第 54—59 页。

话，指某些民间票据。①

专家的解释令人豁然开朗，"交子"的词义其实和钱深度绑定，而且包含了交纳钱款、给予票据的过程。这套流程似乎和一般意义上纸币的运作机制有所不同，毕竟交子从诞生到成长为纸币不可能一蹴而就。若要细细考究，一串串复杂的历史将被缓缓铺开，呈现在好奇者的眼前。

世界上最古老的纸币背后，自然也有着许许多多的人和事。

富户、官府、交子

在四川这样经济发达、贸易繁盛的地区，光靠币值低微的大铁钱远远无法满足长途、大额贸易的需求。可是，从远在开封的朝廷到近在成都的官衙都没能创造铁钱之外的其他货币。至于布帛，早已是旧时代的过去时，如今没有人再将它当作货币来使用。出远门前，人们用钱购买布帛，在路上随用随换，到达目的地后再将剩下的布帛换成钱。拿着布帛来直接购物者，少之又少。况且布帛不同于铸币、纸币等饥不可食、寒不能衣的"无用之物"，是具有重要实际用途的物品，其价格受供给—需求关系影响很大，因而经常波动，无论对于维持货币流通秩序还是个人的保值、交易需求来说都不太合适。

因此，几乎所有的相关史料都说铁钱太重是导致交子产生的直

---

① 汪圣铎：《"交子"释义》，《中国钱币》1996年第1期，第25、43页。

接因素。宋人说铁钱太重，还隐含着铁钱币值太低的意思。否则如果一枚铁钱重一斤，但官府和市场承认它价值五十贯，那它不也能用于长途、大额贸易吗？

谁是交子的创造者

货币币值低微，最受影响的应该是大商人。对普通的贫民和官府相对来说影响不大。贫民自不必说，本身就没钱、不怎么用钱；官府则是上面要求什么便收什么、运什么，无须过于考虑成本。只要按规定办事，遇到问题打份报告，由上面做决策，自己再执行就好。正是出于这个原因，早期创造交子并组织交子运营的是四川本地的十六家富户。

很遗憾的是，本应青史留名的伟大发明家们在史书中只是无名英雄，"富民十六户"是他们统一且唯一的代称。现在人们都称赞宋代商业多发达，而有关宋代的史书对于商人却远远算不上友好。综观各类正史和官方史籍，其中的商人姓名屈指可数。部分商人留名，不是因为他们是行业翘楚，而是由于某些官员向皇帝或宰相提议时说：某某商人反映某项政策在运行中存在问题，我觉得很有道理，现提出改进意见，请参酌。所以，宋代商人留名的原因不在于经济，而在于政治。更令研究者惊讶的是，宋朝官员在撰写关于贸易的奏议时，甚至都不提商人从哪里来，竟然只是简单地用"客商"一词说明这些商人是从外地来的。这完全不符合现代人的观念。举个例子，如果以北京为基点，在宋人的概念中河北过去的商人叫"客商",青海过去的商人也叫"客商"。很显然,来自不同地域的商人拥有不同的文化习俗、不同的财力、不同的人际关系,对于成本和收益的看法也不一样,可这些差异对于宋朝官员来说都不是值得细说的要紧事。至于宋代商人自己的"史料",如商人的日记、书信、账册之类,保存至今者几乎为零。相比较之下,明、清官员对于商人来源的记载和商人自己的"史料"要丰富、细致得多,更利于我们理解那个时代的商业贸易。不过话说回来,倒也不是所有宋代史料都不太注意商人姓名和来源。翻开《夷坚志》《容斋随笔》等笔记小说,和商人有关的故事比比皆是。只是这些故事大多涉及怪力乱神、因果报应,真假参半,没人知道故事中的商人是不是真实存在过的。

十六户四川富商应该都有各自的产业,都有各自惊心动魄的商战故事,说不定还是足以决定某个行业发展道路的领头羊。可是在文人士大夫记载的历史中,他们叫什么、做什么、家业多大、社会关系如何统统不重要。唯一重要的是他们发明和运营的"交子"。正像我在前文提到的,中国历朝历代都曾出现过地方发行的代币,交子是其中一种。大部分地方代币没有被官府选中进入地方财政,更不用说在国家财政中发挥作用了,于是无法引起文人士大夫的关注而默默地消散在烟云中。这样看来,能够作为后来被宋朝官方选中的交子的发明者,"富民十六户"无疑还算是幸运的,以集体力量在浩瀚的历史星空中保留下一个模糊的坐标。

也许这个坐标太过模糊,容易让人遗忘;也许这个坐标不够光彩,让人觉得遗憾。到了宋神宗熙宁九年(1076年),有人想把创造交子的功劳安在曾经平定王小波、李顺起义，同时以治理蜀地闻名的大臣张咏头上。

最早将交子和张咏联系起来的人，很可能是僧人文莹。他在笔记《湘山野录》中明确指出张咏"以剑外铁缗辎重，设质剂之法，一交一缗，以三年一界换之。始祥符辛亥，今熙宁丙辰，六十六年，计已二十二界矣"①。文莹的说法疑点重重，只要与其他史料稍作对比便可知道其中的错误。比方说一张交子的面额为一贯、三年换界等制度都要等到交子官营之后才出现，私营交子的运作方式有所不同。关于私营、官营交子的基本制度，我在后文会详细说明。那么，交子有可能一开始便是官营的吗？南宋史学家李焘的巨著《续资治通鉴长编》否定了这种可能性。您是否还记得景德大铁钱？其实，交子已经在李焘记述的大铁钱成因中登场亮相了。他在景德二年（1005年）二月庚辰条下写道：

先是，益、卭、嘉、眉等州岁铸钱五十余万贯，自李顺作乱，遂罢铸，民间钱益少，私以交子为市，奸弊百出，狱讼滋多。乃诏知益州张咏与转运使黄观同议，于嘉、卭二州铸景德大铁钱。②

李焘认为王小波、李顺起义破坏了四川各州日常的铸钱工作。民间受此影响缺乏货币，大家便私下使用交子作为替代品，从而滋

---

① 文莹:《湘山野录》卷上《张乖崖成都还日》，北京：中华书局1984年版，第4—5页。
② 李焘:《续资治通鉴长编》卷五十九，景德二年二月庚辰，第1315页。

生了一些弊病。益州知州张咏和转运使黄观讨论后,决定铸造景德大铁钱,提高铁钱面额。这段记载与文莹的说法有几处明显不同的地方。在李焘笔下,民众私自使用交子,说明交子此时还处在私营阶段,不可能是官营的。因此,一张交子的面额为一贯、三年换界等官营交子制度在此时尚未出现。如果读者只阅读文莹的记述,认为这些制度都是张咏从一开始设计好的,从交子诞生的第一天便颁布推行,恐怕就上当受骗了。文莹说法中另一个明显的问题是说交子始于祥符辛亥,也即大中祥符四年(1011年)。李焘的记载告诉大家,交子早在景德二年二月庚辰之前就已经出现了。他在上述史料的开头用了"先是"二字,说明交子出现的时间肯定还会更早一些。还有学者专门考察了张咏的任官经历,发现此人先后两次知益州,分别在淳化五年(994年)至咸平元年(998年)和咸平六年(1003年)至景德三年(1006年)。而景德四年(1007年)至大中祥符五年(1012年),张咏在昇州(今江苏南京)任官,绝无可能跑回四川或"遥控"指挥交子的发行事宜。至于大中祥符四年这个时间节点,或许还是与官营交子有关,但总之与张咏和交子的生日无关。

文莹说法中的不少漏洞已被找到,张咏和交子的关系需要从其他的路径再做判断。令人惊讶的是,脱脱等元朝人在编写《宋史》时不知为何竟采纳了和文莹相同的说法,[①] 他们在《宋史·食货志》中写道"真宗时,张咏镇蜀,患蜀人铁钱重,不便贸易,设质剂之

[①] 《宋史》的作者不一定直接引用了文莹撰写的《湘山野录》,可能选择了与文莹说法同源的其他宋代史料记载。

法，一交一缗，以三年为一界而换之。六十五年为二十二界，谓之交子，富民十六户主之"①。除了个别文字不同，《宋史》的记述几乎与文莹的说法一模一样。经《宋史》宣传，许多后代人对张咏创造交子的观点深信不疑，当今的自媒体文章称呼张咏为"纸币之父"者亦屡见不鲜。

有人慷慨地将创造纸币的功劳赠送给张咏，可张咏的家人似乎对掠美不感兴趣，从未公开认领交子的开创之功。汪圣铎先生在梳理张咏的墓志铭、行状、神道碑和包括《宋史·张咏传》在内的多种传记后发现，这些论述张咏生平最主要的资料竟无一讲他曾经创造交子。墓志铭、行状、神道碑三者都是为逝者盖棺论定的文章，代表了张咏遗属乃至朝廷官方的态度，可以说是最"正确"、最"光辉"的张咏生平事迹记录；至于同属《宋史》的《食货志》和《张咏传》竟出现了矛盾的记载，这自然为《食货志》记载的可信度蒙上了阴影。

不过，《宋史·食货志》的说法较文莹的叙述有更为贴切之处，差别在于多出来的最后一句话"富民十六户主之"。也就是说，虽然《宋史·食货志》的作者认为四川交子制度是张咏发明的，但他同样指出交子的实际运行者不是张咏，不是官府机构，而是十六户富民。这种说法倒颇有些"公私合营"的味道。

如果要从历史记载的蛛丝马迹中建立交子、张咏、"富民十六户"之间可能存在的细若游丝般的联系，《宋史·食货志》的确给

---

① 脱脱等：《宋史》卷一百八十一《食货志下三》，第 4403 页。

出了一条较文莹更为通畅的思路。可是,张咏真的一个人便能发明交子并设计出一整套运营制度吗?作为一个朝廷命官,他有胆量"先斩后奏",在取得朝廷的允许之前私自发明一种制度之外的新货币吗?从对交子的渴求程度看,按制度、成例征收赋税并组织上供的地方官和苦于没有合适的货币用于长途、大额贸易的商人,究竟谁更有动力创造交子呢?

答案似乎是不言自明的。因此,《宋史·食货志》的说法虽然比文莹退了一步,但在许多研究者看来还不足以使人信服。大家更加相信宋朝官员、史学家、四川泸州人李攸编撰的《宋朝事实》之中的说法。除了出身四川,李攸的人生经历也更容易让人相信他笔下记载的准确性。此人曾在宋徽宗政和年间参与官修全国总志《九域志》的编修工作,还编修具有地方志性质的《西山图经》。他在编修志书时广泛接触官修史书和各类史籍,积累了丰富的历史资料,为后来编撰《宋朝事实》打下基础。清代官员在编修《四库全书》时给予李攸和《宋朝事实》相当高的评价,称:李攸熟悉掌故。靖康之难后,宋朝官方的图籍散佚于兵火中。唯独李攸迫切地搜集旧闻,使关于北宋典章制度的记载粲然大备。[1]有当代研究者同样认为《宋朝事实》一书所记掌故和典章制度特别丰富,文献利用价值很高。记载交子民营时期制度的珍贵资料正是由靠谱的《宋朝事实》保留下来,不得不说是十分幸运的事。

关于交子、官府、富户的关系,《宋朝事实》这样记载:

---

[1] 永瑢等:《四库全书总目》卷八十一《宋朝事实二十卷》,北京:中华书局1965年版,第695页。

始，益州豪民十余万户连保作交子，每年与官中出夏秋仓盘量人夫，及出修糜枣堰丁夫物料。[①]

这段记载告诉我们，交子是"益州豪民"也就是成都富户集体智慧的结晶，但发行还得经过官府允许，官府和富户们讲了条件。许多资料明确说主持交子发行的富民有十六户，李攸只笼统地说十余户相互作保，大体差不多。现在保留下来的《宋朝事实》原文作"十余万户"则很是离谱，"万"字应该是衍文。假如交子在创始时便有十余万户富民相互作保，那真是不得了。

一是成都之地竟聚集了十余万户富民，可谓藏龙卧虎。要知道宋神宗元丰年间，官方记载成都府路的主户为十一万九千多户、客户四万九千余户。宋代所谓主户指有常产的税户，其中大多数是只占有少量土地和财产的低收入人群；客户则是无常产者，几乎全是贫民。满打满算，成都也出不了十余万户富民。

二是十余万户富民竟在官府的眼皮子底下串联作保，待木已成舟，再向官府汇报称我们要集体发行一种名叫交子的票据，请大人看看是否合适。即使成都都是富贵人家，这个数量也几乎动员了成都府路全部主户共计五十余万人（历史学家通常按每户五口估算古代人口）。如果我是地方官，怕是早就觉得该地的局势已经失控，请朝廷派救兵还来不及呢，哪会与几十万人谈什么发行交子的条件。

[①] 李攸：《宋朝事实》卷十五《财用》，第232页。后文引用不再出注。

因此，富民十余户、十六户才是不太离谱的数字。即便历史学家大多觉得《宋朝事实》的记载可信，也不会轻易相信其中的文字。

接下来的文字告诉我们，地方官和富民谈了发行交子的条件，却几乎没有干涉交子的日常经营。官员提出了两个条件，首先是"每年与官中出夏秋仓盘量人夫"，发行交子的富民要每年出人，去官府储存夏税和秋税的仓库里盘点。这是把某些劳役的项目包给了固定的富民，解决官府每年派役的指标。否则按照通常的规定，各个人户需要每年轮流出人服役，对大家来说都是比较沉重的负担。哪怕是资产中上等的宋代人户，也有不少因服役而破产。其次是"出修糜枣堰丁夫物料"，也就是承担一部分修缮糜枣堰所需的人工和物料。糜枣堰（又称"縻枣堰"）就是如今成都市区西北部的九里堤，古人修筑它的目的是节制郫江水源。宋太祖时，成都知府刘熙古组织重修糜枣堰，并重新设计城内防洪工程体系，取得了很好的效果。民众感激刘熙古的善政，将糜枣堰又称为刘公堤。此后，包括名臣文彦博在内的成都地方官都将维护糜枣堰作为任官期间的重要工作。只有糜枣堰稳固，成都才能免于水患。现在的糜枣堰早已不复当年的面貌和功能，仅存几十米长的遗迹。2000年，成都市园林局修建九里堤遗址公园，此地已成为市民休闲的好去处。

成都的地方官员是开明的。官府与十六户富民所谈的两个条件都是关涉成都民生的重要事项，反倒与交子制度没有关联。这反映了地方官的态度：你们要在制度规定之外搞创新可以，可是谁也不知道交子这个新东西究竟会便民还是扰民，因此你们需要发挥大户的责任，承担更多的社会义务。我想，当地方官提出固定服役和承担水利工程的人力、物力这两个条件后，富户们很可能爽快地答应了。他们的核心诉求——交子发行，得到了官方认同且没有调整，而帮助别人服役、修缮水利工程都能够为自己赢得良好的声誉，在财力允许的情况下何乐而不为？尤其是修缮糜枣堰一事，工程组织者通常会将捐资者的姓名与出资数刻石立碑。只要石碑不倒、刻痕不平，捐资者的功绩便能流芳百世，为后人所知晓。

有学者结合上面的记载、《续资治通鉴长编》景德二年二月庚辰条称已有交子和张咏的任官经历推测，与富民十六户谈条件的那位开明的成都地方官可能是张咏，由此回应了为什么有些史料将交子发明者的头衔冠于张咏。我们当然不介意给这位治蜀有方的名臣再增加一项功绩，只是一切还仅限于猜想，有待学者发现新史料或做出更为确凿的论证。

私营交子的基本制度

讲完发行交子之前的"讨价还价"后，《宋朝事实》开始介绍私营交子的基本制度：

诸豪以时聚首。

同用一色纸印造，印文用屋木人物。铺户押字，各自隐密题号，朱墨间错，以为私记。书填贯，不限多少。

收入人户见钱，便给交子。无远近行用，动及万百贯。街市交易，如将交子要取见钱，每贯割落三十文为利。

每岁丝蚕米麦将熟，又印交子一两番，捷如铸钱。收买蓄积，广置邸店、屋宇、园田、宝货。

上述文字在《宋朝事实》中未分段，我根据内容将其分为四个层面。

第一，组织交子发行的富户们定期见面商议，讨论的内容应该是发行制度、流通情况。这说明富户们把发行交子视为长期工程，而不是"一锤子买卖"。

第二，所有富户使用相同的纸张，以红、黑两色墨水印造交子，印刷的图案则是屋木或人物。各个商户还在自己发行的交子上做有押字和隐秘题号等记号，用于防伪、核对。所谓押字，指签名或图案。如美元正面印有财政部长和国库长的签名，以及财政部和美联储的标志，这些签名和标志都可以笼统地纳入押字范围。宋人的押字通常是文字，多从自己的姓名、称号中取字，形成具有个人特色的防伪记号。有些人对押字的设计颇具匠心，如宋徽宗的"天下一人"、宋高宗看似为"伍"实则可能包含"人中王"三个字的押字。由于没有私营交子及其刻板存世，今人无缘得见富户们各具特色的押字。至于隐秘题号究竟以怎样的方式藏在交子图案中的何处，更是无从知晓。颇具原始特色的是，此时私营交子没有固定面额，而是临时书填贯数且不限多少。也就是说，私营交子至少为一贯，没有上限。理论上有人可以将一亿贯铜钱存给富户，换取一张面额一亿贯的交子。只是这张交子的面额太大，并不便于使用。因此，尽管制度上"不限多少"，交子的使用者们在长期实践中恐怕会摸索出最适用的面额。与之相对，后来的官营交子以及各种其他宋代官营纸币则均有固定面额。

第三，富户收取他人存来的现钱后，给予交子。理论上无论远近都可以使用，有人动辄存入几百、上万贯。如果我们判断交子在景德二年二月之前就已发行，当时还没有铸行景德大铁钱，因此人们存入的几百、上万贯还是只有铜钱币值十分之一的小铁钱。数目虽多，购买力却没有看上去那么大。

所谓"无远近行用"也不是指在天涯海角都能用交子，还是有地域范围限制的。一是需要该地民众信任并使用交子；二是需要富户在此地有相应的网点，可供转换现钱与交子。打个比方，一位四川商人手持交子至杭州购物，杭州商人非但不同意出售商品，甚至可能觉得此人是"诈骗犯"而将其扭送至官府，因为他们从没听说过交子，不在交子所属的信任网络中。此外，交子持有者若想换回现钱，则需要向交子发行者缴纳每贯三十文钱。李攸认为，每贯三十文属于交子发行者的利润。

第四，每年蚕丝、米麦收获之时，富户们将多印交子，与铸钱一样便利。《宋朝事实》的说法稍显保守，印刷交子显然比铸钱更加便利。农产品丰收之时，也是商业活动频繁，商人和农民共同需要货币的时节。商人们闻风而动、四处出击收购农产品，自然希望获得便于携带的大额货币，因此纷纷将铁钱换为交子。农民得到交子后为了换取用于交税的铁钱，也需要用交子换回铁钱。十六户富民不会错过这些盈利的机会，便顺势增加交子的发行量。李攸的记载还提示我们另一种可能性，即十六户富民增发交子供自己使用。

他们拿着增发的交子囤积农产品或置产置业，而是否存入相应数量的铁钱则无人知晓。这样做的前提是人们对十六户富民的资产数量和交子相当信任，不会轻易怀疑自己手中交子的可兑现性与币值。发行者大肆收购资产，能使人们更加相信他们具有充沛的财力，进一步巩固了交子流通的基础。

如果说富商对于交子有客观且急迫的需求，那么以粮食等实物和铁钱交税，平时很少参与长途、大额贸易的农民为什么也会比较顺利地接受交子呢？毕竟，交子的发行者和持有者要用交子"收买蓄积"，"私以交子为市"，必须得到生产者也就是卖家的承认。

这就和张咏在四川的善政有一些联系了，他的措施让农民对于用纸质票据购物有了心理准备。张咏认为四川走出混乱状况之后，人口数量会有所增加。一旦碰上水旱灾害导致农作物减产，则贫民将陷入饥荒之中。因此，他派人统计了粮食成熟、农民纳税时的粮价，并宣布在春天缺粮时按照人口给券，民众可以持券依据交税时的价格向官府购买粮食。这个政策在蜀地延续了相当长的时间，确保贫民在春季粮荒时不至于无粮做饭。[①] 在张咏政策的引导下，当地农民对于纸质票据能够参与买卖这件事应该相当熟悉。

私营交子的失利

可是好景不长，私营交子在纯粹由民间组织的背景下很快出现

---

① 韩琦：《故枢密直学士礼部尚书赠左仆射张公神道碑铭》，收入张咏著、张其凡整理：《张乖崖集》附集卷一，北京：中华书局2000年版，第157页。

了十分严重的经营困难。《宋朝事实》记载了其中两个比较突出的问题。

首先是伪币问题。迄今为止的任何货币都没能逃过伪造问题。也许今后的数字货币能彻底解决这一问题，但现如今坑骗他人钱财的钓鱼网站、木马、诈骗盛行，又何尝不是伪造问题的当代变种？理论上铜钱、铁钱等金属铸币更容易被伪造，因为伪造的成本不高、手工铸币的纹饰和铭文较为简单，外加金属铸币具有匿名性。而看起来使用了押字、隐秘题号、双色套印等多种防伪技术的交子依然难逃被伪造的窘境。从以上三种技术的难度来看，双色套印对于印刷业发达的四川来说并非"独门绝技"；押字明明白白地展示在交子上，伪造者只要多练习几次便熟能生巧了。只有隐秘题号看起来是真正具有最高防伪属性的技术，普通人恐怕很难从交子的图案中找到题号究竟是什么、在哪里。说不定最早的伪造者得到了"内鬼"的帮助。由于史料缺失，我们无法得知"聪明"的伪造者究竟以怎样的手法和工序伪造交子。综观所有宋代史料，似乎只有南宋思想家朱熹在举报唐仲友等人制作假币的状子中较为明确地说明宋人伪造纸币的方法。伪造者需要包含能雕版、刻印和描摹绘画之人。官方纸币一般用铜作为印版的原材料，这对作伪者而言成本太高，他们便选用梨木等多用于刻书的木材来替代。印版之外，颜料、纸张、印章也需要精心准备好，由专人精心雕刻和描摹。[①]

[①] 朱熹：《晦庵朱先生文公文集》卷十九《按唐仲友第六状》，朱杰人、严佐之、刘永翔主编：《朱子全书》（修订本）第20册，上海、合肥：上海古籍出版社、安徽教育出版社2010年版，第867页。

其实，哪怕作伪者的技术没有那么精湛，但凡有人手持伪造的交子至富民处要求兑现，遇阻则闹事，也会让人觉得交子很容易被人伪造，假币数量不知道有多少。围观者心想：发行者也许看得出来真伪，我可未必有火眼金睛，不如不用，以绝后患。假币对于使用者信心的摧毁方式，就如同《三体》中的"猜疑链"一般，没有文明能明确判断其他文明是善意的还是恶意的，不如直接毁灭对方。伪造问题导致相关诉讼不断，一传十，十传百，人们对于交子的信心就立不住了。

其次是兑现问题。私营交子由十六户富民发行。人们信任交子，归根结底是信任这十六户富民，相信他们拥有足够的财力和诚信。发行者的经营稍有风吹草动，便通过"蝴蝶效应"传导并放大，危及交子的根本。李攸记载称，有时碰巧交子持有者扎堆要求兑现，某些发行者竟然闭门不出，持有者只能聚众抗议要求换取本就属于自己的现钱。事情闹大后，官府派人前来调解，最终交子一贯最多只能兑现七八百文铁钱，远远低于当初约定好的数量（即每贯只需扣减三十文手续费），导致民众亏损。这样看来，某些发行者的兑现能力相当差，要求兑现者稍多便不能应对。要是交子持有者闻风而来造成挤兑，后果不堪设想。

《宋朝事实》以外的史料也大都认为发行者经营不善、无法兑现是导致私营交子崩溃的直接原因。例如"唐宋八大家"之一的曾巩便说"既久，而或不能偿，民讼不已"[①]；费著《楮币谱》也说

---

① 曾巩撰，王瑞来校证：《隆平集校证》卷三《爱民》，北京：中华书局2012年版，第115页。

"寻亦赀衰不能相偿,争讼数起"[①]。

在现代人看来,十六户富民出现经营不善的问题完全可以预见,几乎只是时间问题。原因在于他们不是专业的货币金融行业从业者,发行交子只是他们众多产业中的一项,甚至可能只是不足挂齿的副业。也就是说,若交子发行成功,固然能为发行者赢得利润;而发行者其他产业的衰败,则可能要了交子的命。经营交子得到的收益,必然不会安稳地停留在仓库,将被挪用到其他产业见证商海浮沉。时过境迁,曾经的富人因经营不善跌落谷底,他们发行的交子也就从人人乐见的货币转变为陪葬品。

更何况,私营交子发行者和持有者的权利、义务不对等。发行者无须准备本钱,无须定期公布财务报表。他们只需要掏出印刷成本,完成官府交代的事项便可以从事这一本万利的生意。持有者却需要拿出真金白银才能得到交子,还没有办法约束发行者留存足够用于兑换的铁钱,他们无从得知自己的财富是否被人挪用。此外,由于私营交子的经营模式没有官方背书,一旦发行者的经营陷入困境,交子持有者只能默默地吞下苦果,赔付无门。

总之,和成都乃至四川的商业体量相比,十六户成都富民的财富所能提供的信用无疑是单薄的。从这个意义上看,交子的流通量越大、持有者越多,由发行者提供的信任就越少,持有者之间凭借商业关系形成的新的信任关系便作用越大。这是发行者可以在一定范围内凭空增发交子、挪用他人存款却不影响交子流通的深层次原

[①] 曹学佺:《蜀中广记》卷六十七,引费著《楮币谱》,第120页。

因。只是一旦大家纷纷要求兑现，十六户富民便要承担远远超过其能力的信任关系，他们的财力自然不足以应付，除非，所有发行者都老老实实地保管他人存入的铁钱，在承担高额仓储和经营成本的同时，仅仅赚取兑现时收取的每贯三十文手续费。这是私营交子，或者说所有可兑现纸币从出生第一天便携带的"基因缺陷"：流通量越大、持有者越多，发行者提供的信用反而越不足以支撑纸币流通。一旦经济市场或者发行者的财力出现风吹草动，甚至可能只是受到子虚乌有的谣言影响，人们的恐慌情绪便会蔓延开来，纷纷要求发行者按照约定兑现。此时自然是发行量更大、持有者更多的货币体系更加脆弱，因为发行者更难以凭自身力量掌控。纵观世界货币史，以兑现作为信任基础的纸币体系常常比不兑现纸币体系更加脆弱。

想要维持交子运行，就需要引入比十六户富民更为"可信"的发行主体。

私营交子的性质

接下来稍稍探讨一下私营交子的性质，及其因性质而产生的优缺点。

与现代纸币不同，私营交子的性质包含两个层面：汇兑票据和流通手段。

从四川人因铁钱太重不便于大额、长途贸易使用而使得交子兴起来看，交子解决的最主要的问题是搬运和携带。换句话说，这个功能未必需要货币才能完成，其他时代人使用的成匹布帛、金银锭、珍珠宝石都能够在一定程度上做到。而当时的人在使用布帛或金银锭时也不会将它们看作与铜钱、铁钱或纸币性质一致的物品。例如，人们在出发前将铜钱换为布帛，到目的地后再将布帛换回铜钱。人们暂时将铜钱的币值"寄存"在布帛上，布帛在这一过程中只是纯粹的"中介"而完全不具备任何货币属性。如果宋代有劳力士，人们或许会选择劳力士而非布帛，后者在手表面前无疑显得宽大笨重了。

在这个意义上，交子能够代替货币持有人完成货币点对点的汇兑，即原本铁钱持有者需要将铁钱直接从 A 地搬运至 B 地，而现在可以将铁钱存放在 A 地的铺户换取交子，携带交子至 B 地找相应的铺户换回铁钱。要扩展这一业务，则必须设置更多的网点，让人们能够在更多的地方存款、取款。四川私营交子大约处于中国古代汇兑业务的中间阶段。唐代的飞钱主要由地方官府主导，完成钱物在地方与都城之间的传输，因此不需要多少网点数量，只需要"有"汇兑这项业务即可。宋代私营交子的运营状况比起唐代飞钱已复杂许多。四川私营交子由十六户富民主导，是比较纯粹的民间金融和商业行为。哪怕每一户富民都不开设分网点，在运行之初也至少有十六个网点，能够满足这十六户富民之间的货币输送需求。既然彼此互相作保，十六户富民十有八九可以互认彼此发行的交子，这就大大超过了唐代飞钱的流通范围，交子的运行机制、核验机制，以及发行者之间的协调机制也更为复杂。清代山西票号则是中国古代汇兑业务发展的高峰。经营票号者众多，票号网点到清朝中叶在华北、东北、西北、两湖、两广都有迹可循，在某些重点地区甚至"几无县不有，无地不见"，彼此之间的沟通颇为便利。而且，山西票号的经营者大多十分专业，全身心扑在票号业务上。因此在汇兑之外，票号还衍生出贷款、小票发行等一系列业务，丰富了中国古代金融业的形式。

流通手段性质由交子的汇兑票据性质衍生而来。手持交子者未必希望或有能力立即到铺户网点兑现，手中的交子将在他们的钱包、行囊或保险柜中停留很长时间。一旦碰上交易需求，持交子者不一定先将交子兑换为铁钱，而是很有可能直接使用交子交易。交子持有者由此变化，对于发行者而言则没有太大的影响。发行者关心的是钱和什么时候兑现，至于谁来兑现对他们而言是无所谓的。随着充当流通手段在交易中不断转手，交子的流通范围进一步扩大，功能进一步扩展，使其逐步向货币靠拢。部分交子长期停留在流通领域，发行者无须时刻将所有人存入的铁钱留存在网点中以备兑换，而是可以拿出一些用于投资、购物或借贷。只不过从现存史料来看，十六户富民似乎没有开展专门的借贷业务。可能他们本身都从事借贷，不过没有经过交子体系。这既是规避风险之举，又在一定程度上限制了交子的发展。作为对比，借贷业务是清代山西票号的重要利润来源之一。

必须指出，四川私营交子的流通手段功能并不完整。与铜钱等真正的货币相比，它的流通手段功能受到诸多限制，流通范围也十分有限。

首先，私营交子的面额太大且不固定，这使其并不总是能够匹配交易金额。按《宋朝事实》的说法，私营交子的数额都是临时手填的，从一贯开始，上不封顶。史料没有记载以下场景：铁钱持有者至铺户处存入铁钱，换取交子。假设此人持有铁钱十贯，除了一次性获得一张写着"十贯"的交子，他是否可以或是否有意愿将这十贯拆开，例如获得十张一贯面额的交子，都是未知数。尽管我在前文中提出一个猜想，称在长期的流通实践中会逐渐形成最适合交易的交子面额，但毕竟人们存入的铁钱数量不一致，交子发行者似乎也没有设置固定的交子面额，流通中总是存在面额各式各样的交子。比如我手中有一张五万贯面额的交子，可交易额才五千贯，此时这张五万贯面额交子的作用便颇为尴尬。要完成交易，或者由我去铺户处操作一番，得到五千贯面额的交子，或者只能由参与交易的另一方找钱四万五千贯。总之，受到面额多样化的影响，使用私营交子交易总是需要"一事一议"。而交易者使用拥有固定面额组合的货币时则完全不必担心类似问题，大家对于货币的面额已经有了足够的预期和认识，虽然有时搭配面额仍然十分复杂，却不至于让人措手不及。随着银行等金融信用机构的开设，转账日益成为人们高度依赖的支付方式。私营交子的发行者没有开展转账业务，每一笔存款、每一张交子都是独立的个体。即便交易双方都在某家铺户存款，仍然需要使用交子、铁钱或其他实物完成交易，不能直接在铺户的账簿中划转货款。从现代银行业发展的角度看，私营交子的运作方式大概处于银行业务发展过程中的第一阶段。私营交子未能开发出转账业务，未能更加接近现代银行体系，着实令人感到遗憾。此外，私营交子最低面额为一贯，也使其不能参与民间日常的零散交易，面额更高者自然更不必说。

其次，私营交子未得到官府承认，无法进入国家财政体系。十六户富民倒是在交子发行之前与地方官府谈妥了条件，可地方官府只是同意他们在辖区内运营交子，没有明确允许交子进入国家财政体系。将心比心，地方官员的确没有权力直接允许交子用于财政领域，至少不能公开承诺。地方官员需要先将相关情况和建议上报至中央，经皇帝和有关部门决策同意后，才能在规定的范围内将交子用于国家财政。假如成都的地方官真奏报上去，快速获得中央传来的喜讯的可能性很低。人们面对新生事物的态度多半是抗拒，至少也是谨慎的，经长时间讨论莫衷一是、留中不发、直接拒绝是更为常见的结果。因此，地方官员允许民间商人自行运营交子，已是一个勇气惊人、敢于承担风险的决定了。私营交子无法进入国家财政体系，使其失去了几大十分重要的流通领域。第一是赋税。赋税是国家回笼货币的重要渠道。货币在宋代税收中占据的比例不小，可以说凡是缴税者都或多或少地需要缴纳货币。农民在平日生活和生产中很少使用货币，他们多半在交税之前预先出售农产品换取货币。如果交子能够用于赋税，那么它的使用者数量和使用需求将大幅增加，持有者的兑现需求也会大幅下降，对于稳定交子流通很有帮助。第二是官方的购买活动。除了通过赋税途径直接征收物资，购买也是宋朝政府获取物资的重要渠道。粮食通过被当时人称为"和籴"的活动被官方购买，绢帛等纺织品则是通过"和买"。[①] 由

[①] 官府原本通过和买获得的绢帛，渐渐变为定额税。官府不再付钱，反而直接以赋税形式向民众征收绢帛。

于需求量大，各级官府在各种购买活动中向市场投放数额极其庞大的货币。假如交子能够用于官方购买活动中，将与赋税一样对其流通起到积极的促进作用。

从性质上看，私营交子尚且不能被认定为货币，它更多地呈现出汇兑票据的性质，并具备了一些流通功能，距离官府和民间常用的流通手段或价值尺度（核算工具）还有很长的路要走。如果我们将货币的形成和发展视为一个线性的历程，那么私营交子还位于这条直线的起点不远处，有很大的前进空间。只是很遗憾，因十六户富民的运营陷入困境，私营交子"创业未半，而中道崩殂"，我们无缘得见它可能的演进方向。

中西早期纸币对比

不论从私营交子还是从后来的官营交子计算中国古代使用纸币的时间，都要比欧洲早上几百年。平心而论，早不等于好。人类的文明发展史可以说是一部"试错史"，许多大获成功的事物并非一蹴而就，而是经历了大量的失败才最终取得成功。一方面，人们对于事物本身的理解逐渐深刻和完善；另一方面，新事物要取得成功，除了本身很好这一条件，还得符合社会经济发展状况、政策规定、人们的喜好、文化习俗等一系列很偶然的附加因素。历史上往往有些人提出超前的观点，发明超前的技术，创作出超前的作品，却在当时未获成功，穷困潦倒地度过一生，甚至惹上杀身之祸，就是因为他们的创造与时代大环境不符。"橘生淮南则为橘，生于淮北则为枳"，实在是令人无奈却又难以抗拒的命运。

我说了这么多，没有任何否定宋代交子历史意义的意图，而是希望在时间早这个似是而非的成就点之外，充分比较宋代交子与欧洲早期纸币（票据）之间的异同，由此更准确地凸显宋代交子的特色与价值。毕竟，交子而非欧洲早期纸币，才是老祖宗留给我们的宝贵遗产，作为子孙后代有义务更加细致地研究这些遗产的方方面面，得到更为妥帖的结论。

如果我们把"纸币"二字输入计算机，请翻译软件帮忙翻译成英语，将得到几种不同的答案，例如 paper money（直译为纸币）、bank note（直译为银行券）。前者揭示了西方纸币的物质属性，后者则暗含了发展路径。银行券，顾名思义指银行发行的票券。既然英国人用这个词语作为纸币的名称，说明纸币与银行之间一定有十分紧密的联系。

西欧在几百年前并没有今天复杂的银行体系，甚至也没有类似于银行的机构。现在被翻译为"银行家"的 banker 一词，在历史上曾经指代从事货币兑换的商人。据说这些商人总是坐在长凳上等待生意，碰上有人来办业务，长凳又摇身一变成为临时办公桌和柜台，bank 及其在其他语言中的写法便指这些长凳。历史上的欧洲长期处于四分五裂、政权林立的状况中，流通于欧洲大陆的货币可谓五花八门，令人眼花缭乱。谁拥有了铸币权，谁就能收获铸币税和该种货币流通领域内的经济大权，因此国王、领主们总是挖空心思铸造属于自己的货币。虽说这些货币基本上是金银币，可是大小、重量、金银含量与纯度各不相同，甚至不同时间发行的同一种铸币也有金属含量与纯度的差异。如此混乱的货币流通状况使交易变得无比复杂，大额、跨境贸易很可能先卡在货币不统一这一关。

2007年，我与几位高中同学参加学校组织的交换活动来到德国柏林，随后至比利时等地访学。欧元在当时已经流通于欧洲多国，我们此行很幸运地没有碰上货币兑换问题。不过2002年欧元才正式流通，人们对于过去来欧洲旅行时需要多次兑换货币的痛苦经历仍然历历在目。领队老师曾半开玩笑地和我们说，德国马克汇率非常高、意大利里拉汇率特别低，一点点马克就能换取一大摞里拉，他从德国到意大利后立马产生了自己特别有钱的错觉。欧元的硬币很有特色，正面的图案纹饰统一，背面的图案则由各国自行设计选择。因此人们一方面能识别出某枚硬币由哪国铸造，另一方面乍一看到自己不熟悉的图案时，还真不敢立即确定硬币的真伪。我在那次交换活动中遇到的最大的货币问题，就源于欧元硬币背后的不同图案。尚在柏林时，一枚据说刚发行不久，图案"与众不同"的硬币落入了我的口袋。结束在德国的行程后，我们一行人乘坐大巴前往比利时布鲁塞尔。时值初夏，体感温度在白天强烈的日照下显得比实际温度高了许多，更糟糕的是大巴车内的空调竟然"罢工"，大家手中的"生命源泉"在酷暑中很快消耗殆尽。刚刚进入比利时境内的第一个服务区，几名高中生便飞奔至商店冷柜前购买大瓶装的冰镇矿泉水。我在付款时掏出了那枚"与众不同"的硬币。收银员很显然从来没见过它背后的图案，将硬币拿在手上左看看右看看端详了许久，最终确定没有问题，才完成了这次交易。等待的过程令我异常尴尬，既害怕对方认为这是假币而引来不必要的纠纷，又担心万一这枚硬币对方不收,自己只能掏出仅剩的一百欧元纸钞,对方怕是更不会收,我在接下来的旅途中没水喝。我曾听说某些欧洲人宁可不做生意也不愿意找一大把零钱。好在结果圆满。

历史上的欧洲人面对的情况远远比我碰上的复杂。人们在交易之前常常得进行复杂的货币兑换,不认识对方手中的货币很正常,完全不是一件丢人的事。一批专门从事货币兑换的商人逐渐兴起,为交易双方提供识别、称量、换算货币的服务。意大利人尤其精于此道,其中颇具代表性者有后来名重一时、大量赞助艺术家、在金融甚至政治和宗教领域呼风唤雨的美第奇家族。这个家族从货币兑换起家,除经营庞大的家族经济产业并控制佛罗伦萨的政治外,还涌现出三位教皇、两位法国王后,波提切利、达·芬奇、米开朗琪罗、拉斐尔等杰出的艺术家也曾接受过美第奇家族的资助。

慢慢地,人们觉得只让这些商人经营兑换活动似乎太屈才了,货币兑换商为了获得更多的利润也在积极寻求开展其他业务。特别是对于一些大商人来说,尽管欧洲金银币的币值比中国铜钱高出许多,但完成一次大额、长途交易所需的货币数量仍然很多。携带那么多金银币出门,沉重、不便于清点,还不太安全。人们因此开始把手中的铸币寄存在这些货币兑换商的手中,委托其兑换和保存自己的货币。以英国人为代表的另一部分人则选择寄存在金匠铺里。英国人原先习惯于把自己的货币交给"伦敦塔"(曾经作为英国皇家铸币厂)保管。可英王查理一世却因缺钱而试图强占人们放在"伦敦塔"中的存款,引起激烈抗议才作罢。此事之后,人们再也不相信英王和"伦敦塔"的信用,转而将现金交给金匠铺等民间人士，存取款成为完全意义上的民间市场活动。经营货币寄存业务的商人会收取一定的保管费，开具纸质收据，存款者可以拿着这张票据要求取款。此外，与十六户富民不同，英国的金匠在经营货币存取业务不久之后，就同意按照客户的书面要求将金银划拨给第三方，转账业务随之诞生。

货币兑换商和金匠发行的票据能否顺利被他人接受，取决于他们和存款者是否在当地拥有良好的声誉。不过，这些票据进入流通领域的不算太多，使用者很少直接在交易中使用它们，因此这些票据还不能被归为货币。

另一个与十六户富民经营交子的不同之处是，欧洲的票据发行者们很早就以手中的存款和票据为基础经营贷款业务，这既能大幅增加收入，又是让货币兑换商演进为现代商业银行的关键因素之一。虽然欧洲的银行家也经营其他产业，但货币兑换、银行业务等金融产业始终是他们起家和赖以维持地位的主业，富甲天下的金融帝国、商业帝国都建立在那张不起眼的长凳或那把金匠锤之上。在长期的经营过程中，欧洲的票据发行者发现大部分存款长期沉睡在库房中，真正需要备着用于兑现的金银币仅仅是少数。他们不仅开展贷款业务，还积极吸收存款以进一步增加放贷数量。存款业务因而改变：原本客人存款换取票据时要缴纳保管费，现在客人来存款能获得利息。

随着业务的扩大与转型，银行家发行的票据种类越来越多，支票、贴现票据先后出现。由于流转方便、存取便捷，人们逐渐习惯在流通领域混合使用银行家发行的"银行券"与金银币，银行券完成了从票据到货币的性质飞跃。

1694年，带有国家银行性质的英格兰银行成立，包括国王在内的王室成员和商人认购了价值一百二十万英镑的股票从而成为原始股东。英格兰银行成立后，通过贷款方式为英军提供对法战争的军费，并作为交换得到了与贷款同等数量的银行券发行权。这批银行券的实质是官方发行的纸币。除了与国家财政产生联系，这批银行券还有一个在世界货币史中非常关键的转变，可以说开启了信用货币的新时代。正如我们在前文中所说的，以往的银行券多是存款凭证，即先有客户的存款，才有银行券。即便是银行看穿了贷款不一定需要百分之百准备金这一点后，的确超发了一定数量的银行券，但毕竟还是以既有存款作为基础。而英格兰银行发行银行券没有基于任何金银币存款，以国家的借债为基础，几乎与凭空发行纸币无异。毕竟，国家没有钱才要借债。这种以国家债务为基础的发行机制建立后，纸币的信用货币属性大为增强，进一步向当代信用货币靠拢。至于英格兰银行敢于以国家债务为基础发行纸币，一则因为它本身就是国家财政需求的产物，二则因为国家能够以税收等持久可靠的收入偿还债务，效力并不见得比金银币低。理论上只要国家不破产，王室不被推翻，这笔银行券就能够得到相当好的保障。

可能和大家的想象不同，英格兰银行发行由王室背书的银行券后，其他私人银行发行的银行券并没有立刻被取缔。各家银行的银行券同时流通于市场上，谁的流通范围更广、谁更受欢迎取决于谁提供的信用更为优秀。只不过在随后的岁月里，英格兰银行这个"亲儿子"无论在政策上还是业务上都得到了官方更多的照顾，逐渐拥有代理国库、清算中心、最后贷款人等功能，并基本垄断了货币发行权，从而演变为"银行的银行"——中央银行。

很显然，北宋四川的十六户富民远远未能形成商业银行，更不用说中央银行了；他们基于交子开展的金融业务，也不如欧洲人丰富。较为单一的业务范围造成四川富民的盈利方式和数额都更为有限，提升了他们运营交子的风险。私营交子背后信用关系的复杂程度也不及发展到一定程度之后的欧洲银行券。私营交子与早期欧洲银行券的性质是完全一致的，即金属货币的代券，都不能算是完整意义上的货币；二者在功能上都可以有效地帮助交易者移动货币，并在一定程度上作为流通工具参与交易，可谓殊途同归。

至于国家权力进入纸币发行机制后，以宋朝和英格兰为代表的东方与西方走上了截然不同的纸币发展路径。与依靠国家债务发行纸币的英格兰银行不同，宋人将官营交子与国家财政的多个领域相结合，形成了独具特色的纸币发行机制，既巩固了发行基础，又将纸币逐渐推向国家财政的前台。

第三章
官营：交子走向财政前台

"交子"作为宋朝纸币的代名词早已深入人心，对现代人来说是如此，对古人也一样。从元代开始，不少文人和官员追述纸币的历史时大多用"交子"指代所有宋朝纸币。

这种写法一方面突出了交子独一无二的至高地位，另一方面也给人们的理解带来些许问题，仿佛宋朝只有交子一种纸币。事实上，交子在南宋变身成了"钱引"依旧流通于四川。而在四川之外的地区，会子才是最强势的纸币。就连交子自身，至少也有私营和官营的区别。

许多学者认为北宋四川交子出现是商品经济发展的自然结果，特别是经济发展与铁钱不便于交换这对矛盾的产物。此言固然不虚，然而十六户富民没能将私营交子打造成长久流通的精品，很快陷入经营困局、濒临破产。只谈交子起源，不谈中间的挫折与后来的发展，特别是将交子一系列的发展和演进自动与经济发展关联起来，未免有失公允。真正将交子运营得风生水起的机构其实是宋朝官方。在朝廷的批准和政策支持下，在地方官府的精心运营下，交子从汇兑票据演变为四川地区的流通货币，进而在国家西北军务中发挥重要作用，走向了国家财政运作的前台。这种待遇自然是十六户富民给不了的。

假如有机会随机对一位北宋人发出"灵魂三问"：你听说过交子吗？你见过交子吗？你用过交子吗？得到否定答案的概率很大，因为交子毕竟没有流通于北宋全境，知名度不可能高到举国皆知。可是庙堂之上的统治者们却一点也不敢小瞧这些薄薄的纸票，它与钱币、军粮、盐钞绑定得如此之深，政策稍有不慎就可能满盘皆输，给国家财政造成毁灭性的打击。

如果说私营交子的历史是一部彰显创意与智慧的商业史，那么官营交子的历史便是一部波澜壮阔的财政史。格局与气象，不可等量齐观。

收归官营的波折

私营交子最终还是失败了。俗话说"富不过三代"，随着时光流逝，十六户富民的生意不如以往，渐渐地没有足够的财力支撑交子运营。过去和今日，交子铺里同样人声鼎沸，不同的是过去人们争抢着用铁钱换交子，现如今人们惊恐地把交子换回铁钱。挤兑，大概是这些承诺兑现的金融机构在大限将至之时怎么也迈不过去的坎。

1. 废除交子

金融机构动荡将产生严重的社会问题，那么多人的"钱袋子"没了总得讨个说法。发行者财力不再，或许还可闭门不出；存款者追讨无门，只能换个要说法的对象。在私营交子发行之前，十六户富民和成都地方官府达成过协议。原本官府要交子发行者承担一些地方社会义务作为交换，从而允许他们做一场金融冒险。虽然交子完全由十六户富民运营，可在许多人看来地方官府无疑做了背书，不找你还找谁呢？

地方官府既觉得诧异又不堪其扰，明明是富民的问题，为什么要怪到我们头上？特别是允许发行交子的决策是前任做出的，和我们没有半点关系。

于是时任谏议大夫、益州知州寇瑊出手了。他在写给皇帝的报告中讲述了自己如何平定这场私营交子乱局。《宋朝事实》收录了这份报告的关键内容：

> 臣到任，诱劝交子户王昌懿等，令收闭交子铺、封印卓、更不书放。直至今年春，方始支还人上钱了当。其余外县有交子户并皆诉纳，将印卓毁弃讫。乞下益州，今后民间更不得似日前置交子铺。①

正如我在上一章说的，"宋代商人留名的原因不在于经济，而在

---

① 李攸：《宋朝事实》卷十五《财用》，第 232 页。

于政治"。谈发明的时候不谈交子发明者的名字,谈四川民众交易更为便利的时候不谈交子发明者的名字,而谈交子出问题的时候则立即报上其大名。总之,寇瑊的上奏终于让我们知晓了组织发行交子的十六户富民中的一个名字——王昌懿。①按一般的逻辑想,王昌懿要么是领头者,要么是欠钱最多的人。无论属于那种情况,王昌懿都是最应该对私营交子困局负责的人。

寇瑊整顿私营交子的方式十分简单粗暴,具体可分为两个方面。

第一,废除交子。他刚到任,就下令让各家交子铺"关门大吉",封存印信,不得再发行新的交子。成都府属其他县内的交子户也得关门。此外他还提出建议,请求皇帝批准,今后至少在他管辖的益州境内,不允许民间再设置交子铺经营交子。

寇瑊的做法有其道理,既然出现了问题,那么只要釜底抽薪般解决问题的源头就行了。站在肯定私营交子历史价值的立场,我们也许觉得寇瑊的做法简直是"一刀切",甚至给他安上一个违背历史发展趋势的帽子。这显然是后见之明。虽然我也觉得寇瑊的做法

---

① 国内研究中国古代史的学者较多利用"中国基本古籍库"和"中华经典古籍库"这两个电子数据库检索史料。我将"王昌懿"分别输入其中,前者仅出现本书引用的史料一处结果,后者没有命中任何条目。在如此漫长的中国古代史中,被人记录下来的"王昌懿"竟然只有一位。而且"好事不出门,坏事传千里",这位王昌懿还被寇瑊当作反面典型。令人欣喜的是,当代人越来越注重挖掘历史人物,特别是帝王将相之外的平民的事迹和价值。我在网上搜索时发现,目前已有作者创作了表现王昌懿事迹的小说与话剧。尽管现存的史料不足以支撑作者写作全部内容,小说与话剧的大部分章节肯定是虚构的剧情,但仍然不失为有益的尝试。一板一眼地按照历史记载走,写出来的文艺作品未必好看;没有足够的史料,反倒给予作者广阔的挥洒空间。

有可议之处，但他从首都开封赴益州上任之前好歹担任三司度支副使，是地地道道的中央财政部门要员，做出封杀私营交子的决定一定有其道理，不可能是瞎搞。而且皇帝任用寇瑊管理成都的一大理由是，前任赵稹"不晓民情、好自尊大、与众不协"[①]，那么寇瑊的处事方式与性格十有八九与这三个词相反——体察民情、不矜不伐、和衷共济，他应该是在深思熟虑之后才做出决定的。也许这位新任益州知州不是没有思考过更为柔和的办法，只是初来乍到的他发现局面过于混乱，种种地方势力盘根错节，并本能地抗拒着他这位外来的陌生人。快刀斩乱麻或许反而最为可行。

可不管寇瑊究竟有没有经过深思熟虑，完全封杀私营交子都几乎是不切实际的。因为私营交子的出现有很深厚的现实需求和客观条件作为基础。今天私营交子被封杀，明天就可能会出现私营会子、私营关子、私营木牌等种种代钱票据。在发现更好的办法之前，四川人肯定还会使用与交子差不多的票据来解决大额、长途贸易的货币问题。

第二，追讨欠款。不用思考，仅凭直觉和常识就知道这肯定不容易。寇瑊自己的说法很简单，只说"直至今年春，方始支还人上钱了当"。虽然"直至""方"等词语隐晦地表达了用时很长、进展不顺的含义，但他毕竟没有留下确切的时间信息。据其他史书记载，寇瑊被任命为益州知州的时间是宋真宗天禧四年（1020年）十一月戊午；[②]而他在宋仁宗天圣元年（1023年）七月己丑被贬官，

---

① 李焘：《续资治通鉴长编》卷九十六，天禧四年十一月戊午，第2221页。
② 同上。

调任邓州知州。[①]寇瑊说他到任就开始劝诱交子户，王昌懿等人直到"今年春"才将将还上钱。寇瑊说的"今年"应该就是天圣元年，我将在下文说明推测的理由。因此，寇瑊追讨欠款大致用了两年有余，几乎贯穿他担任益州知州的始终。如果有成功收到欠款的交子持有者送上一面"讨债知州"的锦旗，寇瑊大概会笑呵呵地收下，并认为这个称呼概括得不错。

从《宋朝事实》的记载可知，寇瑊整顿并废除益州私营交子是既成事实，而今后也不得发行交子则是提议，兹事体大，请皇帝圣裁。他的这份报告上报于天圣元年，此时年仅十三岁的宋仁宗赵祯刚刚继位，还没有能力独自处理军国大事。太后刘娥临朝称制，成为事实上的最高统治者。刘娥在长期的宫廷生活中耳濡目染积累的政治经验，也许足以支撑她在人事、礼制等问题中发表自己的看法，但对于兵马钱粮等极细碎、极专业，牵涉利益、部门和制度极多的财政、军事问题则显然无能为力。因此，当刘娥和赵祯接到寇瑊的报告后，没有立即圣裁，而是按照一般的行政程序，请益州路转运使张若谷和益州知州薛田商议后共同定夺。天圣元年十一月戊午，太后和皇帝同意了他们的建议。

这里出现了一个明显的"矛盾"，也是确定寇瑊报告时间的关键。寇瑊上书时担任益州知州，而中央命令定夺是否继续发行交子的益州知州则是薛田，这又是为什么呢？合理的解释只有一个，薛田在寇瑊上书至统治者做出决策的这段时间里代替了寇瑊的位置。

[①] 李焘：《续资治通鉴长编》卷一百，天圣元年七月己丑，第2326页。

因此，薛田恐怕就是在七月接任益州知州，太后和皇帝在七至十一月之间批阅了寇瑊的报告，薛田、张若谷等人共同商议将意见返回，统治者最后在十一月戊午日做出决定。史书没有记载寇瑊的上书被积压而长期不报，上书时间估计距离他调任邓州知州不会太远，将时间定在天圣元年春至七月之间应该比较准确。

2. 交子官营

那么，薛田和张若谷共同商议的结果又是什么呢？

他们二人在上奏中详细比较了铁钱与交子的优缺点，指出交子不可或缺：

> 川界用铁钱。小钱每十贯重六十五斤，折大钱一贯，重十二斤。街市买卖，至三五贯文即难以携持。自来交子之法久为民便，今街市并无交子行用。合是交子之法，归于官中。臣等相度，欲于益州就系官廨宇，保差京朝官别置一务，选差专副、曹司、拣搯子逐日侵早入务，委本州同判专一提辖。其交子一依自来百姓出给者阔狭大小，仍使本州铜印印记。若民间伪造，许人陈告，支小钱五百贯。犯人决讫，配铜钱界。[①]

薛田和张若谷不仅向皇帝指出发行交子的必要性，还设计好了

---

① 李攸：《宋朝事实》卷十五《财用》，第232—233页。

官营交子的若干制度，可谓深思熟虑、有备而来。二人先指出无论小铁钱还是大铁钱都因币值太低而不适合街市交易，反而是民营交子十分便民。经过寇瑊主持的整顿，现在市面上没有交子可用，他们建议由官方来主持运营交子。

紧接着，二人提议由什么级别的官员负责主管交子业务，配置哪些副官和工作人员。至于交子的形制，薛田和张若谷建议官营交子采用与私营交子相同的尺幅大小，但不再像十六户富民那样使用隐密题号和押字，而是直接盖上益州官衙的铜印。他们对于伪造交子的惩罚也比较严厉，犯罪者接受刑罚之后再流放至使用铜钱的地方，相当于刑满释放后驱逐出境。举报者则可以获得小铁钱五百贯作为奖金。

读罢这份上奏，太后与皇帝也许大为惊讶，怎么寇瑊与薛田、张若谷的建议完全相反？一个说要彻底废除交子，另一个不但说交子不能废除，甚至还要求官营，究竟谁对谁错呢？于是统治者又叫同属四川的梓州路提刑王继明与薛田、张若谷再讨论一番。从这个新的讨论阵容推测，薛田、张若谷的建议很可能更加受到远在开封的决策高层的欢迎。否则，朝廷估计会另择官员撰写报告，而不是在保留他们二人的同时再加入一人。果然，王继明没有提出反对意见，他和薛田、张若谷继续沿着发行官营交子的路线进言，并制定了更为细致和周密的制度方案。官营交子的早期方案浮出水面。

首先，三人继续强调流通交子的必要性。他们指出自从交子发行被叫停，市场上百业萧条。现在如果一定要废除私营交子，那么把交子改造成官营票据，由官方印制和发行是最为稳便的方案。

其次，确定了官营交子的负责部门。他们请求皇帝允许有关部门铸造"益州交子务"铜印一方，派人送至益州后供交子务使用。印刷交子时还需要盖上益州观察使的印记。

很可惜，无论是北宋交子还是南宋东南会子、湖北会子等绝大多数宋朝纸币的用印均未能留传至今。幸运的是，1983年安徽省东至县发现了一组金银见钱关子的钞版、用印，这是我们今天唯一能见到的宋代纸币用印实物。金银见钱关子是南宋晚期的一种纸币。据说当时东南会子币值低微，民间出现了"使到十八九，纸钱飞上天"等谣谚，权臣贾似道深感此事不吉利，因此不再发行第十九界东南会子，改用金银见钱关子之名。其实金银见钱关子与金银毫无关系，仍然是东南会子的"正统"继承者。东至关子钞版和用印的发现堪称"奇迹"：1983年7月，东至县文化局文物普查队与地方志办公室开展联合调查工作，竟从废品回收公司仓库中发现这套关子钞版和用印。其中一块钞版和一方用印还曾经被盗，至2007年3月方由该县公安局追回。一些学者认为东至关子钞版和用印虽然为南宋文物，却很可能是当时民间伪造的。不过东至关子钞版和用印保存比较完整，包括面文版、准敕版、颁行版、花瓶版和行在榷货务金银见钱关子库印、金银见钱关子监造检察之印、国用见钱关子印、□□□见钱关子合同印共八件版、印，且形制基本与历史记载吻合。即便属民间伪造，这套钞版和用印依然能反映有关宋代纸币形制的大量历史信息。

再次，三人设计的官营交子发行—回笼机制与十六户富民运营私营交子的方式十分类似，依然需要先由民众存入铁钱，再放出相应数量的交子。因此，他们恐怕还没有将官营交子视为纸币，或者说依然将交子视为与铁钱关系极为密切的替代品。令他们意想不到的是，交子和其他宋代纸币在长期的运行过程中，逐渐与铁钱、铜钱等金属铸币分离，日渐成为独立的流通货币。交子务官员预先在交子上写好一贯至十贯不等的面额，并将相关的信息登记在簿书上。如果有人户携带铁钱到交子务要求换取交子，不论他带的是大铁钱还是小铁钱，工作人员都按照比价兑换为交子，每小铁钱一贯需要收取三十文手续费。按官定的 1∶10 比价换算，用一贯大铁钱换交子则需要缴纳三百文手续费，这个数额不可谓不高。[①] 收到铁钱后，工作人员将铁钱存储于仓库，将交子给予人户。交子上的字号与簿书上的字号能够一一对应。如果有人持交子希望换出铁钱，工作人员在完成兑换手续后，还需要将相应的登记簿书上的信息一并涂抹销毁。

太后与皇帝同意了这份周密的方案。天圣元年十一月戊午（廿八）日，也就是公元 1024 年 1 月 12 日，"诏从其请，始置益州交子务"[②]。这是官营交子诞生的重要日子，值得永远被人铭记。

3. 两则逸事

最后我还想讲两个小故事。

[①] 根据学者研究，官营交子此时的核算单位应是小铁钱。但随着小铁钱停止发行，大铁钱逐渐成为四川货币流通领域的主流，交子后来改用大铁钱作为计价单位，其面额亦相应地大幅缩小。

[②] 李焘：《续资治通鉴长编》卷一百零一，天圣元年十一月戊午，第 2343 页。

第一,寇瑊被贬官知邓州与他主张废除交子无关。一来时间对不上。二来史书中明确记载宋仁宗肯定他的才干,当众对宰辅重臣说"瑊有吏干,毋深谴也"。只是寇瑊与宰相丁谓素来交好,而后者在刘太后执政后失势,寇瑊因此遭受连累。据说寇瑊在后来的政治生涯中郁郁不自得,几次被人举报失举而贬官。可每次贬官后,宋仁宗总是重新提拔他。例如某次他在秦州知州任上失举夺官,皇帝反而让他担任权三司使,不仅让他身居要职,还恢复了行政级别。

图 3-1　刘后《宋真宗后坐像轴》

注:现藏于台北故宫博物院。

第二，官营交子的提议获得认同，可能与刘太后是益州人有关。据《宋史》记载，刘太后的家族原先在太原，后来迁徙益州华阳县。刘太后幼年丧父，由外祖父母抚养长大。十来岁时被当地银匠龚美带着来到京师开封谋生，十五岁时进入襄王府邸，深受后来成为宋真宗的襄王赵恒喜爱，从此走上了与北宋王朝的命运紧紧纠缠的宫廷之路。关于龚美与刘太后的关系，世人多猜测二人曾结为夫妻，但官方叙事则将龚美的姓名写作"刘美"，称二人为兄妹。另外，《宋史》作者在二人的传记中还给他们"安排"了比较显赫的祖先，真实性十分可疑。由于元朝人在编写《宋史》时大量采用了宋朝史料，特别是宋朝官方记载，有理由相信关于刘太后、龚美的身世很可能是宋朝官方书写的结果。

中国古代任何朝代对于女主（后宫）干政都持不赞成的态度，因此在史料书写中暧昧不清，刻意模糊女性掌权时的政治作用。除非这位女性如武则天那样直接称帝，任凭史官文人再怎么曲笔也不可能消灭她的痕迹。尽管绝大部分记载中，都没有提到刘太后亲自批阅寇瑊、薛田、张若谷等人的报告，但在当时的政治形势下，年幼的宋仁宗根本不可能独自做出决定，实质上作为最高统治者的刘太后才是最终拍板的人。刘太后在益州生活至十几岁，家境贫寒的她很早就出来讨生活，想必对于四川铁钱在流通中的优缺点有十分直观的感受。私营交子出现时，她早已在开封过上衣食无忧的生活，甚至不一定知道故乡的商人们竟创造出如此富有创意的纸票来。身份截然不同的她，是否会在深宫大院之中偶尔怀念起故乡的人情风物，又是否会在随手把玩一二枚铜钱时想起故乡人使用铁钱的不便？当她读罢寇瑊的报告，是否会为私营交子的失败而揪心？当她看到薛田、张若谷等人痛陈铁钱的不便，对于官营交子的前途言之凿凿、充满信心时，说不定当即暗自下定决心，要为久未谋面的家乡父老办一件实事。

官营交子的基本制度

要真正把官营交子运作起来，光靠两份报告中提到的制度远远不够。就连薛田等人已经定好的制度，在实践中也会受到具体效果的影响而命运各异，最终被沿用或变更。

下面我再稍稍多介绍一些官营交子的基本制度。学界对于部分制度细节仍然存在争议，但大体的样貌已比较清晰。

1. 交子务的人员构成

官营交子的发行量无疑远远高于十六户富民主持的私营交子，因此交子务需要保持一定的规模。官方史书没有说明天圣元年交子务初设时有多少工作人员，我们仅能见到薛田、张若谷的建议。事实上，他们二人的建议没有被完全采纳，交子务的人员数量要远远多于预想。《蜀中广记》引用费著的《楮币谱》说：交子务有监官一人，元丰元年增加一人。监官，是交子务的长官。掌典十人，贴书六十九人,印匠八十一人,雕匠六人,铸匠六人,杂役十二人。①

根据这一记载,交子务的工作人员超过一百八十人,其中绝大部分为贴书和印匠。由于官营交子在发行之初可以兑换,工作人员在交子发放时和回收后都要做许多文书工作,我想贴书等人大部分的日常工作即是这些。交子务的核心业务包括文书登记和印制交子两项,每项各有几十位工作人员,人员设置似乎还算合理。可当我们对比南宋东南会子的主要印制机构——临安会子库的员额时,便会发现其实成都交子务的人数并不少,甚至略显冗余。根据南宋晚期的杭州地方志《咸淳临安志》记载,临安会子库中共有二百零四名工匠。②东南会子是不兑现纸币,工匠中应该只有极少数人负责文书工作,绝大多数都以印制会子为主业。可毕竟东南会子的流通范围远远大于四川交子,发行量亦完全不是一个数量级,会子库所需的印制工匠的数量理应远多于交子务。举个极端的例子,宋廷在南宋晚期为了弥补财政开支,曾命令会子库每天增印东南会子十五万贯。东南会子最高面额为一贯,此外有五百文、三百文、二百文等小面额。即便这十五万贯东南会子全用一贯面额制作完成,会子库的工匠们还是需要开足马力制作十五万张。这对于没有印刷机、全靠人力制作货币的宋朝而言,无疑在考验工匠们的生产能力极限。能够在交子务工作的工匠是幸运的,他们的工作强度显然不像南宋同行那样饱和,按时下班不是梦。

---

① 曹学佺:《蜀中广记》卷六十七,引费著《楮币谱》,第 120 页。
② 潜说友纂修:《咸淳临安志》卷九,中华书局编辑部编:《宋元方志丛刊》,北京:中华书局 1990 年版,第 3438 页。

2. 官营交子的本钱与发行量

尽管交子务在早期保留了兑换现钱与交子的职能，似乎与私营交子铺的运作方式类似，但官府还是给出了保障交子长时间正常运营的"撒手锏"——本钱。本钱类似于当今商业银行的准备金，是为了发行纸币而存储的现金。当然，准备金制度的复杂程度、精密程度要远远强于官营交子的本钱制度，毕竟前者与当代发达的金融体系（特别是信贷关系）相适应，而北宋的金融业则像刚刚学会走路的婴儿，本钱制就要粗放得多。根据史书记载，官营交子一界的发行量为一百二十五万六千三百四十贯，本钱数为三十六万贯，"准备金率"约为28.65%。这个比率比我们想象的还要高。特别是在交子是实打实地一张张发行，创造不了新的货币和信用，交子务也不会因为存款的数量多便相应增加交子总量的情况下，三十六万贯本钱为官营交子运行打下了颇为稳健的基础。当然，称28.65%为"准备金率"其实并不准确。因为早期官营交子的运营方式与私营交子十分类似，都是人们存入多少现金，交子务发行相应数额的交子。所以三十六万贯在此时恐怕并不起"准备金"的作用。我们可以由此看出宋人观念中的本钱与今天的准备金，有较大的差异。

预先储存本钱是官营交子比私营交子更稳定的原因之一。诚然，私营交子的运营者是十六户富民，他们本身拥有大量财富，而这些财富究竟有多少作为运营交子的储备则尚未可知。从现存史料的记载看，十六户富民可能没有储备本钱，私营交子运营完全依赖客人的存款，这种单薄的运营机制无疑十分脆弱，甚至类似"空手套白狼"。无怪乎诞生时轰轰烈烈的私营交子,顷刻之间便化为尘埃。

那么,三十六万贯本钱如何在官营交子运作机制中发挥作用呢?史料说得很简单,仅用了"新旧相因"四个字。也就是说,官营交子的本钱既没有被大量支用,也没有得到大量补充,而是跟随着一界一界新交子发行而长期保持三十六万贯。

如果官营交子始终保持与私营交子相似的运营方式,即人户交来多少现金才发行多少交子,那么三十六万贯本钱可能永远没有被动用的机会,或只是作为机动用途的运营经费。也许这笔本钱还有兜底作用,万一交子务经营困难,官府将动用三十六万贯之中的部分或全部偿还人户。然而在此后某一段时间,官营交子的运作方式和发行数量发生了重大变革,彻底拉开了其与私营交子之间的差距。所谓重大变革,即随着交子流通范围扩大、转手率增加、发行量扩大,作为一种货币日渐渗透于流通领域,要求"一一对应"的合同兑换体系被弃用。以新一界交子兑换旧一界的换界制度成为官府循环交子的主要方式。根据每界交子的发行数量,基本可以认为新一界交子全额回收了旧交子,官府事实上不再组织日常兑现。由此看来,这三十六万贯本钱甚至失去了兜底作用,只能起到对外宣传官府办交子是有底气的、有资本的,请大家放心等稳定人心的作用。

官营交子的发行量也有所变化,未能长期稳定在一百二十五万余贯。其实即便交子的发行量相同,相同的数字在不同的运作机制下显然不是一个概念。在存款—兑现时期,有一百二十五万余贯人户的存款与三十六万贯本钱作为保障，可谓极其安全，风险几乎为零；在不兑现时期，一百二十五万余贯对于官府和使用者的风险与压力都更大。

著名宋史专家王曾瑜先生总结了北宋各个时期官营交子的发行量。根据他的统计，从天圣年间第一界交子至元祐六年（1091年）第三十五界交子为止，交子发行量均为每界一百二十五万六千三百四十贯；元祐八年第三十六界、绍圣二年（1095年）第三十七界交子的发行量均为一百四十万六千三百四十贯；绍圣四年第三十八界、元符二年（1099年）第三十九界交子的发行量为一百八十八万六千三百四十贯；此后交子发行量有了"飞跃式"的发展，建中靖国元年（1101年）第四十界交子的发行量接近三百万贯；崇宁二年（1103年）第四十一界交子暴增至一千五百余万贯；崇宁四年第四十二界交子的发行量甚至超过二千六百万贯。[①] 我将在后面的章节详细讲述交子发行量增加的原因、过程与后果，此刻我们需要关注的问题是：不论交子发行量上涨到何种地步，本钱三十六万贯从未相应上涨。这从另一个角度证明，所谓的本钱发挥不了什么作用，只是一种信心象征。

3. 官营交子多久发行一界

刚才我们提到了"界"的概念，说官府逐渐不再兑现交子，而采用以新一界交子兑换旧一界的方式，时人称之为"兑界"。这有

[①] 王曾瑜：《关于北宋交子的几个问题》，收入《锱铢编》，保定：河北大学出版社2006年版，第120—123页。

些类似以新版人民币收兑旧版人民币。宋代交子发行没有中断，即便交子之名改为钱引，界依然继续计数。直到南宋晚期该发行第一百界钱引（交子）时，有人建议应该虚化一百之数，重新计数，钱引这才重新发行了三批。只不过这三批钱引不再以"界"作为单位，而使用了"料"字。三料新钱引发行时，南宋处于内外交困、财政极为混乱的状况，钱引币值极其低微，形同废纸。当时四川所需军费多从境外调拨东南会子，在会子的冲击下，钱引的币值越发降低，四川再也无法维持原有的货币流通体系。有官员提出应该仿照东南会子发行新的纸币，朝廷同意了他的建议，而此时距离南宋灭亡也不久了。

关于一界交子流通多少年，历来有许多不同的说法。史书中留下一些类似于交子从某年至某年共发行多少界的记载，或者径直说某年发行第几界交子。可学者怎么也没办法根据这些记载把交子各界具体的发行年份计算清楚，重要的扰乱因素便是宋人说交子三年一界。如果据此认为交子十足流通三年，便上了宋人的当。其实，三年只是说交子流通历经三个年头，满打满算大约两年一换界。如果仔细搜索史料，也能发现的确有宋人明明白白地说"再岁一易""每四年两界"，证明两年一换界的说法无误。

当然，交子也不是固定两年一换界而长期未变。宋神宗熙宁五年（1072年）之后，每界交子的流通时间延长，但每界交子的发行年份间隔依然未变，因此有两界交子同时流通，相当于交子的发行量增加了一倍。到南宋后期，交子一界的流通时间甚至增加为十年，兑界制度可谓形同虚设。

学者们对于兑界制度是优是劣，看法不尽相同。有学者认为，纸币定期兑界可以阶段性地以旧换新，从而使流通中的大部分纸币不破旧。定期兑界还有利于纸币发行管理，官方既能以此掌握纸币实际流通量，又能防伪。宋代纸币不兑界通常与滥发同时发生，是纸币制度出现严重问题的表现。[①] 可兑界制度的缺点同样突出。宋代没有当今遍布大街小巷的银行网点，提供兑界服务的场所极为有限且几乎只在大都市中，而且当时信息发布、传播的途径也远远不如当今顺畅，生活在郊县、乡村的交子持有者很难专程出远门兑界，甚至会因不清楚兑界时间而错过机会。宋代因此出现了一批做纸币生意的中间商，他们把纸币看作一种商品，通过买入卖出获利，不便兑界者自然是他们的潜在客户。不便兑界者卖出手中的纸币，兑界问题得以解决，但相应地也损失了一些财富。毕竟中间商不会按照面值收购纸币，赚差价是他们的"天职"。

不便兑界将导致两个塑造交子流通的现象出现：一是交子的流通范围受到限制。这个限制不是官方明确的限制，如交子不得在四川之外使用，而是盘桓于交子持有者观念之中的限制。因为担心离开太远不便于兑界，或者自己无法在截止日期之前赶回交子务等兑界场所，大多数人不会将交子带离太远。二是交子很难被长期持有。造成人们不愿意长期持有交子的原因很多，例如通货膨胀，而避免错过兑界也是十分重要的因素。为了减少不安因素，不如趁早花掉，把隐患转移到他人头上。

[①] 汪圣铎：《两宋货币史》，北京：社会科学文献出版社2003年版，第780页。

公允地说，在当时的历史条件下，无论兑界与否都有优点和缺点。纸币发行从来不是一蹴而就的，发行一种新纸币已相当困难，维护已发行纸币的难度则至少翻倍。古人挖空心思也无法解决的难题，在技术更为发达的今天甚至无法构成问题。而当今社会也有许多难以处理的问题，只能等待社会发展、技术进步。技术，往往是决定历史走向的关键。

4. 官营交子的面额与核算单位

官营交子的面额也有几次变化，从数额上看越来越小。官营交子刚发行时，交子面额定为一贯至十贯不等。宝元二年（1039年），交子面额改为十贯和五贯两种，前者占80%，后者占20%，一贯至四贯、六贯至九贯等八种面额不再发行。

熙宁元年（1068年），交子面额经历了一次更为剧烈的变化，由十贯、五贯变为一贯和五百文，其中60%为一贯，40%为五百文。从此时至最后一界交子（钱引）都保持该面额而未做变更。这次面额变化恐怕不能以简单的面额缩小来做解释，而必须与大铁钱的铸造和流行放在一起看。

货币史专家高聪明先生认为，交子的核算单位以熙宁元年作为分界点，之前是小铁钱，之后则是大铁钱。大铁钱与小铁钱的比价为1∶10，因此才有交子面额缩小为十分之一的变化。从熙宁时期的物价等方面看，大铁钱已经成为四川基本的核算单位和主要流通货币；小铁钱久不铸造，币值过低而单位币材多于大铁钱，逐渐退出流通领域。在货币领域发生巨大变化的背景下，若交子仍然不合时宜地以小铁钱为核算单位，很容易引起人们使用中的混乱。遗憾的是，由于没有直接能够证明的史料，高聪明先生的说法带有些许推测性质。不过，四川自小铁钱停止铸造而改用大铁钱后也没有改变这一铸钱模式，南宋绍兴二十九年的一条史料记载"每铁钱二文折铜钱一文，每铁钱一贯折川钱引一道"，这应该足以说明交子的确改用大铁钱作为核算单位，尽管我们无法百分之百确定转变发生的时间。[1]

如果熙宁元年之后的四川交子都以大铁钱作为核算单位，那么此后每界一百二十五万余贯发行量的意义就与之前完全不同，相当于发行量增加了九倍。前文提及，熙宁五年起每界交子的流通时间延长，且两界交子同时流通。在两种因素叠加之下，交子的流通量大幅增加，原因恐怕和交子走出四川，走向国家财政的前台大有关系。

交子的数目大增，核算单位改用大铁钱，是否会导致三十六万贯本钱也变更为大铁钱呢？史料倒是没有明说，不知道书页前的您怎么看。可即便本钱依然沿用小铁钱，又会对交子流通造成多大影响呢？

走出四川

在官方的强势主导下，官营交子渐渐成为四川的日常流通货

---

[1] 高聪明：《宋代货币与货币流通研究》，第252页。

币。官营交子用于大额、长途贸易，铁钱用于日常零散交易和找零，二者的分工十分明确。更为关键的是，由于官营交子由官方发行，它在流通中所受的限制远远少于私营交子，发挥的职能也更多。可以说大铁钱拥有的功能，官营交子几乎都有：官私交易、缴税、核算……二者的差别仅由购买力和材质造成，即交子受面额影响而几乎无法用于小额交易，铁钱难以参与大额、长途贸易。限制少而功能多，官营交子在发行之初广受民众欢迎，人们甚至愿意为获取交子而支付溢价。

官营交子的确便民，有了官府的背书，它的流通性远远强于仅靠十六户富民财富支撑的私营交子。然而，如果官营交子从始至终只是四川本地的日常流通货币，我想它既不会受到宋廷的高度重视，也不会在后代引起那么大的影响，甚至有可能随着相关记载的失传而消失在历史记忆中，毕竟就连大部分同时代的北宋人都没有见过、听说过交子。这种在我们看来具有划时代意义的纸币，在当时只是被四川人、少数处理过相关政务的官员或行走四方的有识之士所知而已。纸币真正在全国范围内流通则要等到南宋时期。

历史和人就是这样，被遗忘的东西总是比记住的要多。翻开历代正史的《艺文志》，那么多饱学之士的大著、那么多风靡一时的"畅销书"，哪个不是一时之选，哪个不受当时人尊崇，但留到今日的又有多少呢？甚至不少书在后代人修史时就已找不到了，《艺文志》徒留存目而已。厚厚的书籍况且如此，何况薄薄的一张纸币？今人尚能得见不少宋版书，却难见一张宋代纸币。

宋仁宗天圣四年在历史记载中平平无奇，至少算不上多事之秋。在这普普通通的年份里，宋仁宗赵祯对医学发表了看法。他认为前代古籍对于穴位的表述不准确，令人铸造标准的针灸铜人。后来与他搭档推行"庆历新政"的名臣范仲淹则因母亲去世，离任回乡为母服丧。带着一身本领的改革家还需过些时日才会震动朝堂。政治斗争、战争、改革这些国家大事好像不愿与天圣四年打招呼，纷纷绕道而行。对于大部分老百姓而言，这平平淡淡的年份反而是个能过安稳日子的好时光。

许多人不太了解的是，这一年对于远在四川的交子是具有开创性意义的特殊年份。从天圣四年起，交子开始走出四川，逐渐活跃于北宋的西北军事、财政要务之中。

1. 川陕之间

我在前文介绍四川的交通条件时曾特别提到四川与陕西有比较通畅的陆路交通线路。当时陕西是北宋与西夏政权对峙的主战场，大量宋军驻扎于此，每日消耗的物资补给不知有多少。宋代的陕西不属于最发达的地区，其实就算是当时最发达的地区也难以单凭本地税收供应数十万士兵的军费。采购成为当地官府补足军需物资的主要手段。从宋朝的经济水平和交通条件来看，当时有能力纵贯全国南北或东西的大商人恐怕并不多。多数远道而来的物资要经过一位甚至数位中间商转手才能到达目的地，商人们在利益的驱动下于无形之中帮助官府完成了物资运输接力。除分段完成的长途贸易外，短途和本地贸易才是官府购买物资的主要途径。陕西本地商人和从四川出发的商人是参与陕西官府采购的主力。

而在官府眼中，商人的行为并非完全出于自发，而是他们引导和利用的成果。早在先秦、秦汉时期，中国的思想家、政治家对于官府、商人、市场三者之间的关系便有了十分深刻的理解。管子、司马迁、班固等人都认为商人的贸易活动是国家财赋资源分配的重要渠道。换句话说，社会中之所以有一部分人从事商业活动，根本原因是君王和国家的设计。统治者有调动、平均全国财赋资源的需求，故而出现了商人。与通常将国家与市场相割裂的理解不同，中国古人显然将商人、商业、货币、市场都视为国家财政的组成部分。统治者和国家"支配"商人活动，而非"借助"商人力量。这种近似于"计划经济""统制经济"的认识恐怕出乎很多人意料。今人多认为宋朝商业发达，强调商人的巨大作用，甚至将宋代视为"民进国退""市场经济繁荣"的时代，我想在宋人的视角下恐怕并非如此。

也有当代学者的看法与中国古人较为类似。让我们把目光投向东边的邻居——日本。日本学界可能是海外学界中对于宋史研究最有传统、最有成就的。其中最有名气，或许也是最"出圈"的学者要数"京都学派"的代表、提出"唐宋变革论"的内藤湖南。

内藤湖南等人不仅留下了耀眼的学术成就，还为京都大学扎下了宋史研究的根脉。20世纪70年代以来，共同出身于京都大学的渡边信一郎、足立启二、大泽正昭、宫泽知之等人组成中国史研究会，在学界刮起了一股财政史研究的新风暴。众人秉持的核心观点是：国家财政活动是中国古代经济与社会统合的关键。具体到宋代，宋代经济之所以呈现被我们所熟知的那种状态，国家财政的驱动是掩藏于纷乱现象背后的主要原因。比如国家需要购买某种大宗商品，商人在此类财政需求的驱动下运输该商品至指定地点卖给官府。他们的沿途贸易和收到官府货款后购买回货贩卖的行为亦带动贸易路线周边地带的经济活动。在国家财政的驱动下，各种经济活动如涟漪一般散开。

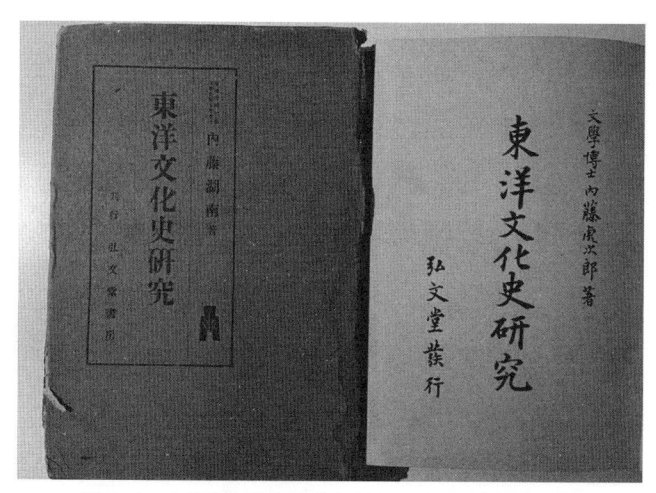

图 3-2　内藤湖南代表作《东洋文化史研究》（王申摄）
注：笔者的收藏。本书为东京的弘文堂书房于 1938 年出版的第三版。

交子在天圣四年走出四川，就是国家财政驱动的。

三月，三司（也就是国家最高财政机构）向宋仁宗上奏说陕西与四川之间有很密切的财政收支互动。商人运输粮草至秦州出售给官府后，秦州官府并不直接支付货款，而是由永兴、凤翔、河中府和四川的嘉、邛等州代为结算。此举充分动员了周边地区的财政储备来采购军需物资，否则秦州一地的财政压力太大。而且在使用铜钱为主的时代，因为铜钱过于笨重、搬运成本太高，许多由上级官府乃至朝廷支配的钱物不一定运输至其驻地,而是储存于征收地的官仓中。征收地的下级官府无权支用这些钱物,必须根据有权支配者的命令专款专用。

三司进一步报告,最近益州开设了官交子务发行交子,各处交易使用颇为便利。建议在秦州之外,允许商人将粮草运送至延、渭等五个州军,由益州支付现钱或交子结算。如果益州现钱不足,那么益州转运司再从辖下有钱的州军搬运,或直接支付交子。[①]值得一提的是,三司的上奏可不是中央官员坐在办公室里"拍脑袋"形成的,而是以陕西转运司和益州转运司的意见作为基础,三司甚至只做了整合工作。

除了三司和两处转运司的意见,渭州知州对于用交子购买商人的粮草一事亦十分活跃。他的意见也通过某种渠道被中央知晓。渭州知州十分羡慕秦州的待遇,指出其实渭州的驻军也很多,同样十分需要粮草。如果能打通与四川之间的货币联系,还能吸引四川商人前来贩卖罗、帛、锦、绮等丝织品特产。在他的强烈建议下,有关部门允许渭州参照秦州政策,如果商人愿意得到四川的货币,渭州官府便开具票据,并给予一些溢价。商人得到票据后,可以去益州、嘉州、邛州等地换取铁钱或交子。[②]

我认为愿意到益州、嘉州、邛州等地换取铁钱或交子的商人一定来自四川。其他地方的商人对于四川铁钱和交子没有需求,他们

[①] 徐松辑,刘琳、刁忠民、舒大刚、尹波等点校:《宋会要辑稿·食货》三十六之十八,上海:上海古籍出版社 2014 年版,第 6795 页。

[②] 同上。

会选择其他的支付方式。而三司、两处转运司和渭州知州等人专门提出使用铁钱与交子支付货款,本身正说明四川商人在川陕之间的巨大影响力,也特别提到吸引四川商人贩卖特产。应当说,四川本地官府对支援陕西军需购买一事做出了很大的牺牲:粮食不是给自己的,甚至还运往外地,自己的钱却花掉了。虽说这些钱理论上归中央所有,但毕竟从本地征收、存储在本地。一旦本地碰上用钱之际,钱却因支援陕西消耗殆尽,当地官府还需要走程序、打报告,办手续要钱,原本供陕西的经费很可能还要继续给。陕西官府当然不会管这些事,在当时的情势下甚至还会接着伸手要钱,麻烦只能由出钱的四川默默承受。

2. 财政票据

交子在天圣四年以商人报偿的形式进入财政领域。当我们欣喜于交子的优势终于被更多的官员乃至皇帝重视时,亦当明确两个问题。第一,交子还没真正走出四川。无论秦州还是益州的官府都没有直接使用交子结算,而是给予其他票据,请有需要的商人自行到益州、嘉州、邛州等四川州军换取交子。第二,支付给商人的交子大概与普通民众持有的交子一致,商人可以将其作为一般的流通货币在日常交易中使用,或用于交税。至于是否再将获得的交子兑换为铁钱,则取决于商人自己的想法。

到了庆历年间,情况发生巨变。宋廷很可能已允许秦州等陕西州军直接使用交子支付货款。庆历二年(1042年),宋军在定川寨之战中惨败于西夏，夏主李元昊大有挥师南下之意，朝野为之一震。此后宋军重整旗鼓，顽强阻击夏军，李元昊铩羽而归。庆历四年，宋夏双方签订和约，在此后一段时期内保持和平，史称"庆历和议"。可是庆历和议是在军事恐怖状态下达成的临时性停战协议，谁也不知道西夏军队哪天又不宣而战，谁也不想懈怠示弱，因此必须花大力气巩固边防。和约签订后，北宋的西北边防不仅没有放松，反而有所加强，花钱自然如滔滔江水。

庆历七年，皇帝下诏命令取益州交子三十万贯到秦州招募商人出售粮草。许多人指出四川商人原本就多入陕做生意，现在恰逢秦州缺乏军需储备，正好借机用交子招募他们运粮售卖。① 这些意见通过某种渠道上达天听，皇帝觉得有理，才下达了这份诏书。此后，皇帝又批准了另外一笔三十万贯交子的拨款。

这两次用交子在秦州购买粮食的行为貌似与天圣年间的差不多，但有两大差异。第一是支付方式变化，此次交子直接被运到秦州，商人无须拿着票据到益州等地换取交子。第二是这批交子的性质得以明确，不是流通货币，而是财政票据。第一点已有皇帝诏令作为证据，第二点可以从当时人的批评意见中寻到踪迹。

实际上，宋仁宗用交子购买粮草的政策并非人人赞同，一些位高权重的大臣严肃地提出反对意见，指出该政策将反噬四川交子体系。他们的核心意见是：四川交子体系原本运行得挺好。现在用数十万贯交子帮助秦州购买粮草，却没有储备相应数量的现钱。将来

---

① 李焘:《续资治通鉴长编》卷一百六十，庆历七年二月己酉，第3862页。

商人持交子要求兑现，四川官府应当如何是好？交子体系将因此受连累。如果一定要推行相关政策，请朝廷筹措、调拨一笔资金用于兑现交子。还有人认为，原本就一直有官员反对官营交子，只因交子确有便利之处难以废除。这批给予秦州的交子原本都能换成铁钱，现在因为资金储备不足不能及时兑现，甚至还折支新一界交子，定将造成交子流通困局。[1]

平心而论，反对意见有其道理。特别是原本承诺兑现而实际很难执行这一点，既损害了交子的信用及运行机制，又伤害了商人与官府贸易的信心和意愿。可回过头来一想，这批由秦州支配的交子理论上可以随时兑现，与天圣四年那批同样供陕西采购粮草的交子似乎不同。至少从史料记载看，天圣年间的官府没有承诺交子可以立即兑现，他们只是给予商人选择要铁钱还是要交子的权利而已。

从庆历年间川陕之间的交子发行—流通—回笼方式看，这些作为粮草采购货款的交子不是一般的流通货币，而是近似于汇票的财政票据，与唐代"飞钱"的性质几乎相同。既然设计了即时兑现机制，宋朝官方很可能认为贸易于川陕之间的商人不会长期持有这些交子。此种认识似乎与交子便民的通常看法不同。我想最具可能性的解释或许是这些交子作为财政票据使用，无法进入四川本地的流通领域。当然，也有学者提出了其他看法，认为交子由兑现转为不兑现，特别是由新一界交子兑换旧交子，恰恰发生于此时。[2] 即便

---

[1] 文彦博著，申利校注：《文彦博集校注》卷十四《乞诸州供钱拨充交子务》，北京：中华书局2016年版，第596—597页。李攸：《宋朝事实》卷十五《财用》，第233页。
[2] 高聪明：《宋代货币与货币流通研究》，第52页。

如此，粮食采购中的交子的性质也仍然是财政票据。

接下来的一个问题是，交子务等官方机构动用哪些经费用于兑现？我想主要资金恐怕就是作为交子本钱的三十六万贯铁钱。前面的章节说过交子本钱"新旧相因"，不增加也不减少。假如所有售粮商人都来兑现交子，交子务显然没有支付六十万贯铁钱的能力，只能请其他机构帮忙筹措。这恐怕是论者反对用交子帮助陕西收购粮草的制度原因。虽说作为货款的交子数额大体与粮价及其溢价等值，可毕竟粮食被陕西消耗而没有作为"本钱"储备。这些交子"凭空"发行，又需要用"真金白银"兑现，四川官府怎么可能长久维持呢？

在臣僚屡次反对后，宋仁宗终止了川陕财政之间的交子流动。

3. 陕西交子

那么，陕西购买军需物资的资金该从哪里补足呢？其实陕西自有其物产——盐。现在的山西运城在当时叫作解州，属于陕西地界。解州有一片面积非常大的盐湖，这片盐湖出产的盐供陕西乃至开封等地使用，为陕西军政带来了大量资金收入。陕西购买军需物资的经费之中，盐利占到相当高的比例。

以盐利支撑军需开支也不是一帆风顺。粮草毕竟是稀缺物品，不仅作为整体的陕西急需，作为个体的各个州军也需要完成采购任务。受此影响，地方官府频频提高粮草的收购价，同时降低盐价以吸引商人至其辖区售粮。当这些商人拿着地方官府虚开的票据到开封，找到负责专卖事务的机构——榷货务要求提盐或兑现为现金时，榷货务的官员大惊，怎么花了这么多盐和钱才买到这么一点粮草？虚耗财政经费的现象引起了统治者的高度重视。宋仁宗统治时期，陕西盐法经历了一次比较大的改革，中央支出的费用得以大幅减省，军需物资以比较合理的价格在陕西本地解决。

图 3-3　运城盐池（王申摄）

以盐利支撑军需开支的另一大问题是，盐的产量和需求是有限的，而军费膨胀则是无限的。即便通过提高盐价增加额外收入，价格也不可能超过一定程度。盐价过高，民众将少吃甚至不吃盐，还可以选择购买私盐。事实上从西夏境内流入的私盐一直令宋朝官员十分头疼。总之，单纯改革盐法其实无法解决经费收入和支出的矛盾。随着二者的差距不断拉大，宋廷还得寻找其他财源弥补亏空。

时间来到宋神宗统治时期。年轻的宋神宗崇尚"有为"，希望积极变革国家现状，在与同时代其他政权的竞争中获得优势。他任用同样有理想、有抱负的政治改革家王安石为宰相,在政治、经济、文化思想等多个领域推行新政。在西夏策略方面,宋神宗和王安石积极争取周边少数民族的支持,让他们成为宋朝抗拒西夏的屏障。宋军在熙宁年间向西攻取唃厮啰政权,收复熙河地区并建立熙河路,以求威慑和孤立西夏,在宋、西夏竞争中占据优势。这场史称"熙河开边"的拓边活动扩展了北宋疆域,极大地提高了宋人的自信心,却又把国家财政拖入泥淖。无论备边、作战、交往还是巩固新土都要耗费大量的财政资源。战争烧钱自不必说,哪怕在和平时期,新成立的熙河路也几乎没有造血能力,需要靠陕西其他地区长期大量输血才能维持。宋人自己明明白白地说,自从建立熙河路后,每年耗费日常经费四百万贯;熙宁七年(1074年)之后财政状况稍有改善,每年的日常经费减少为三百六十万贯。还有人指出熙河开边以来,陕西民众的生活日益困顿,朝廷财用日益消耗。原因正是熙河路的大部分财政花销仰赖陕西州军和朝廷拨款。[1]

既然经费问题难以解决,不妨如借债一般把这个问题往后挪。不管后面能否较好地解决,总之先减轻现时的压力。可是在宋朝,官方向民间借债是不可想象的。让我们闭上眼睛把上下五千年的历史快速回忆一遍,是不是几乎想不到哪个王朝向老百姓借债的?公债是彻头彻尾的舶来品,在西欧从封建帝国演变为现代资本主义民族国家的过程中起到极为关键的作用,但它引入中国是很晚近的事情了。王安石执政时的确推出了一项官民之间的借贷政策,只不过

---

[1] 李焘:《续资治通鉴长编》卷二百五十三,熙宁七年五月甲辰,第6191页。

是由民众向官方借贷。这项政策名叫"青苗法",即在青黄不接时由官府将资金借给农民,农民在农作物成熟后连本带利归还官府。如果一边借钱给民众,一边又向民众借钱,成何体统?

于是,发行交子就成为不是借债却似借债的手段。宋廷的核心想法也很简单:我先按照军需的数量发行交子,这是当务之急,至于交子发行太多导致币值下跌,后续如何调整物价、回收交子,再说。不过熙宁年间的官府没有如天圣、庆历年间那样高度依赖调拨四川交子,而是参照四川制度直接在陕西独立发行交子。用时下流行的说法,四川交子算是第一次"制度输出"了。

熙宁四年(1071年),陕西正式独立发行交子。官府储备了一些本钱,没有打白条凭空发行,只是获得本钱的方式与向老百姓借债几乎没有区别。陕西转运司担心手中现钱不足,故发行交子换取民众手中的铜、铁钱,允诺三五年后返还。[①] 所谓的本钱竟然是强制性地从老百姓手中"借"来的,而且还不似四川交子本钱那般"新旧相因",这笔钱会被陕西转运司直接花掉。理论上这批陕西交子的总币值与"借"来的铜、铁钱的总币值一致,当地官府认为这种1∶1的交换可以保证交子币值。历史上类似的现象不少,结合陕西交子后续的命运和其他时代的类似事件,可知陕西转运司的政策至少埋下了以下五颗地雷。

第一,虽然本钱基本上只能用于彰显信心,并不能真正兑现,但如果连本钱都花掉了,有多少人还会不打折扣地信任交子的币值

---

① 李焘:《续资治通鉴长编》卷二百二十二,熙宁四年四月癸亥,第5402页。

和效力?

第二,官府采用借钱发行交子的措施,民众不会怀疑官府的财政状况吗?如果大家认为财政缺口很大,有多少人相信三五年后陕西转运司真的会还钱?恐怕大部分人在政令下达的那一刻便知道自己的这些铜、铁钱将永远变为交子。

第三,三五年后民众集中要求兑现,转运司如何应对?钱都花出去了,该从哪里筹钱兑现呢?

第四,陕西交子难道不会多发吗?在朝廷决定"大有为"之时,超额发行交子几乎是板上钉钉的事实,人人都可以预见。哪怕刚发行时交子币值等于面值,随着发行数量的增加,币值下降只是时间问题。

第五,交子面额与铸币面额的差距相当巨大。陕西民众丧失大量小额铸币后,官府如何解决小额铸币不足的问题?如不能妥善解决,将对交子流通造成非常严重的不利影响。

尽管我们谈了许多问题,但如果从旁观者的立场看,陕西转运司希望集中本地现钱用于军事活动而强制性地发行交子,有利于交子暂时成为日常流通货币,对推广交子、扩展交子职能有积极作用。

在找到更好的办法之前,即便宋廷清楚地知道陕西交子制度的缺陷,也很难有回旋的余地。陕西转运司是否足额、按期兑现,史书中没有明说,但此次交子发行活动仅历经数月便被叫停。

事实上,陕西转运司显然无法独自决定和军需物资采购有关的重大政策制度,宋神宗和王安石可能才是最终的拍板者。根据史料记载，熙宁四年发行交子遭到了老臣文彦博的强烈反对。文彦博是北宋著名的政治家，宋人对他的评价很高。他在宋仁宗天圣五年考中进士，此后长期任官，历仕仁、英、神、哲四朝，在宋神宗在位时期已是影响力巨大的"三朝老臣"。不论他任何官职，是否在京任官，但凡文彦博发话，朝堂都会为之颤抖。这样的"大腕"发声反对交子，宋神宗与王安石无法轻飘飘地无视，必须做出解释，安抚人心。

宋神宗先发言，大意是推行交子乃不得已之事。如果素有法制、财用充足，自然不必如此。现在没能达到理想的状况，情况紧急，不得不这么做。

王安石则顺着皇帝的话接着往下阐释，成功地让文彦博无话可说。他先说诚如陛下所言，推行交子这件事是迫不得已的。紧接着话锋一转，建议宋神宗在财用不足、人才不出的情况下，对待边事要"静重"。静重是沉静端重的意思，以静重的态度对待边事，是指先韬光养晦、积蓄力量，不要轻举妄动。王安石认为，如能沉静端重地对待边事，那么"夷狄"就不足为患，我们便有能力腾出手来改善内政。只要内政修成、人才济济、财力富强，我们就可以达成自己的目的。①

按照我个人的理解，王安石的这段说辞很是高明。先是与宋神宗一唱一和，大谈发行陕西交子出于无奈。随后劝告皇帝要真正实现战略目标，还是得依靠修炼内功。换言之，王安石当着宋神宗和

---

① 李焘：《续资治通鉴长编》卷二百二十一，熙宁四年三月戊子，第5370页。

文彦博的面表示本届政府早已做好了近期政策和远期规划,你文彦博提的这些事我们都了然于胸。只是情况紧急,皇帝和我都认为交子不得不发,否则没办法解决燃眉之急。这样一来,纵使文彦博心中还有千言万语,怕是也说不出口了。

熙宁七年春,中原大旱,饥民流离失所。四月,王安石第一次罢相,出任江宁知府。中枢权力层的动荡对陕西交子也造成了影响。熙宁四年那种颇为激进和前卫的方式不再被高层选用。掌权者力图弥补缺陷,尽量让陕西交子能够平稳地运营下去,使其成为帮助宋廷弥补财政空洞的工具,而非引起新混乱的导火索。熙宁七年,中书门下(最高决策机构)提出在陕西发行一笔交子的建议,他们在写给皇帝的奏疏中谨慎地指出:

> 有臣僚上言乞复行交子,多云每年出钱可百万缗,此不知行交子之意。今若于陕西用交子,止当据官所有见钱之数印造。假如于边上入中万缗,却愿于某州军纳换,即须某州军纳换处有钱万缗,画时应副支给。如此则交子与钱行用无异。①

这段奏疏十分重要,包含的信息十分丰富。我在此处只截取了与发行交子直接相关的部分,其他部分将在后文中出现。

这段话可以分成两部分。

首先,中书门下的官员们批驳了其他臣僚的建议。那些人也提

---

① 李焘:《续资治通鉴长编》卷二百五十四,熙宁七年六月壬辰,第6214页。

出在陕西重新发行交子的建议，认为每年可以因此多出百万贯经费。在中书门下看来，提出这种建议的官员根本不明白什么是交子、怎样推行交子。也许今天的学者专家在掌握多种更为先进的理论和方法后，会告诉我们其实有办法不蓄本钱发行纸币，且流通顺畅。

不过中书门下的官员明显不这么看，他们在这段话的第二部分告诉皇帝必须以官府所拥有现钱的数量来印造陕西交子。随后举了一个例子：假设商人将一万贯现钱运送至边境获得交子，并表示愿意去某个州军兑换。那么这个州军兑换交子的地方必须准备好一万贯现钱可供人随时兑换。只有官府做好准备随时兑现，交子才会在流通中和现钱几乎没有差异。皇帝对此很满意，诏永兴路皮公弼、秦凤路熊本并兼提举推行本路交子，以知邠州宋迪提举永兴、秦凤两路推行交子，落实中书门下的意见。

这份奏疏反映出当时高级官员对交子的认识仍然保持在可兑现的阶段，将交子的功能定义为与"飞钱"差不多。换言之，他们觉得交子终归会重回现钱，只是在被人兑现之前可以作为与现钱一样的货币流通；对于本钱的看法也远较设计官营交子的四川官员保守，陕西交子的理想状况为100%本钱，而四川交子仅有28.65%。当然，如果我们换一个角度思考四川交子与陕西交子的关系，可以得出二者性质不完全相同的结论。既然二者不完全一样，那么官员有针对性地设计不同的运行机制自然是应有之义。

从熙宁七年中书门下的建议分析，此次发行的交子与熙宁四年发行的交子很不相同。表3-1简单对比了两次陕西交子的发行机制。

表 3.1　两次陕西交子的发行机制对比

发行时间	本钱来源	本钱比例	流通方式	兑现时间
熙宁四年	民间财富	100%	本地流通	三五年后
熙宁七年	官府储备	100%	异地兑现	即时

可见熙宁四年和七年两次发行的陕西交子，虽然都名为"交子"，但实在无法把二者视为一样的东西。即使仅从功能上看，前者主要作为日常流通货币，而后者则主要承担汇兑职能。熙宁七年交子可谓是天圣、庆历年间帮助陕西购买军需物资的那批交子的继承者，而熙宁四年交子似乎只是一个异类。此后的宋代历史中再也没有出现如熙宁四年交子一般向民众借钱作为本钱的纸币发行机制。又或许，宋朝丧失了一个将交子改造为公债，再经此走上资本主义之路的机会呢。

回头看，宋神宗和王安石回应文彦博的话不完全是虚言，宋廷在西北军费上的确陷入了长期困境。因此，即便熙宁七年中书门下以较为谨慎的态度发行交子，甚至要求准备100%的本钱用于兑现，依然无法阻止有关部门在实践中超发交子。"空券"成为当时舆论界最常出现的词语之一。其实官府超发交子也很容易理解，甚至有时即使官府没有主动超发，民众依然不容易即时兑现，因而造成了与超发十分类似的结果。

交子的发行量超过本钱数，自然属于超发现象。其中包含两种可能：第一，各地方官府按照要求储备本钱，但交子发行量过高；第二，交子发行量没有超过规定，但各地方官府没有储备足够数量的本钱，或以某种形式将本钱挪作他用。当然，最可能的现象是上述两种情况在实践当中同时发生。我想在这里特别提出几个问题。为某种纸币储备100%的本钱能否保证这种纸币必然顺利流通？即便官府将熙宁七年陕西交子作为"飞钱"使用，是否有必要仍然储备100%的本钱？100%的本钱储备是不是一种资源浪费？读到此处，想必各位心中都已有了明确的答案。

交子数量等于本钱数，也会出现类似于超发的现象。比如商人集中至某州要求兑现，数额超过了该州储备的本钱数。商人在该州碰了一鼻子灰，而其他州军门可罗雀、少人兑现。再如商人集中兑现的时间与各州军储备妥本钱的时间不一致，比如上半年兑现十分紧俏，而下半年兑现不用排队。所以，不只是总量，时间与空间都是影响陕西交子兑现的重要因素。只有十分老练的当地官吏才能在政策实施之间发现这些不安因素，政策的实际运行状况往往令那些朝堂之上的设计者颇感意外。

从这个意义上看，以金属货币作为价值基础的可兑现纸币，真的比没有金属货币支撑的不可兑现纸币更为可靠、更为稳定吗？纵观世界货币史，答案显然是否定的。宣称能够即时兑现而未能实现，是导致多种纸币走向失败的根本原因。反而因人们早知某些纸币不能兑现，在流通中对其抱持其他的态度和认识；况且不兑现、没有金属货币支撑并不意味着某种纸币没有任何的价值支撑。

超发和兑现不畅，很快引起陕西交子币值下跌。距离边境线越近，交子的币值越低。许多商人凭借敏锐的嗅觉发现了交子币值下跌带来的商机，他们开始利用不同地区的交子差价赚取利润。这些投机行为立即被有关官员注意并上报朝廷。另一方面，四川每年依然拨出一部分交子交给陕西,供其购买军需物资。结果商人的投机行为竟使四川吃了大亏。据史书记载,商人在最西北的熙河路交纳四百五十文或五百文便能换得一张一贯面额的交子,他们获得交子之后来到四川境内,要求交子务按票面价足额兑现。[①]站在朝廷立场看,这些商人的行为属于浪费财政经费,而高层官员除了提议废除交子、斩草除根之外,也没有更好的办法。可是,交子能那么简单地废除吗?

从四川到陕西,我们看到了交子如何从一种地方票据进入国家财政领域,最终走上前台、大放光彩。皇帝和宰执大臣不再仅仅商议并拍板交子在四川境内的制度,而是认认真真地讨论究竟如何让交子在西北军务这一最重要的国家大事中发挥作用。在税收所得不足以供养大军所需的情况下,如何从其他渠道获得并运送物资始终困扰着古代王朝。各个王朝使用的运送方式主要有两种,官府从货源地采购后自己运输,或官府在需求地采购而由商人运输。前者的好处是官府可以控制价格与整个采购和运输的流程;劣势是效率低下,采购价格看起来比较低,但七七八八的成本费用加起来并不见得比第二种方式低,甚至有可能高得多。什么人替官府运输呢?主要是被征派力役的民夫和被用较低酬劳雇佣的民工。如果官府给的压力太大,这批人可能引发比较严重的社会管控问题。因此,官府统管一切的方式看起来最能贯彻落实官方意图,但看得见和看不见的成本通常都比较大。真正特别完美的情况在历史上极为罕见。后

[①] 李焘:《续资治通鉴长编》卷二百五十八,熙宁七年年末,第 6306 页。

者的劣势是商人报价通常较高，且除非有高额利润或其他补偿的引诱，他们不愿意前往偏远、购买力较低的地区，因为无利可图。优势则是官府省心，只要准备好钱或其他的报偿，开好价码，就可以坐等收货了，采购和运输中的一切烦心事都由商人兜着，官府几乎不会涉及。因此，由商人运输的方式在宋朝十分流行，而且经受住了不同时期、不同地域的考验。当然在实践过程中，各种预料不到的问题也会出现，比如各地官府纷纷抬高价码争抢资源从而造成财政资源浪费，中央和地方官府想法不一，各自算计等。一些官员在此时便会上书，建议重新回到官府统管一切的路子上来。反过来，官府统管一切的方式出现严重问题时，另有官员上书请求让商人参与其中。两宋物资运送制度就在这两种方式之间"反复横跳"，当时的人想不出更好的办法。这就是美国经济学家道格拉斯·诺思所说的制度上的"路径依赖"。

那么，交子的重要性体现在哪里呢？帮助官府"准备好钱"是交子在国家财政中最大的价值。也许有朋友要问，交子本身就是钱，你为什么要说"帮助"，为什么要说"准备好"，仿佛交子不是钱似的？交子当然是钱，但它与最"扎实"的铜钱不一样，既可以作为流通货币，又可以作为需要兑现的汇票。总之，交子能够在时间和空间两个维度帮助地方官府缓解财政经费不足的压力。具体而言，即便交子最后都必须兑现，地方官府用交子支付货款实质上延长了付款期限，给予官府更为宽裕的周转时间；况且一些商人不会选择立即兑现交子，而是用它作为轻便的流通货币。这是交子在时间上的作用。至于空间上的作用，则是将采购地点与兑现地点分开，免去了官府运输铜、铁钱等沉重的金属货币的烦劳，解决了采购地无钱而有钱之处无须大量采购的问题。

当然，如果官府选择超额印发交子，还能增加一笔收入。只是这笔额外收入不可能无限制地增长，一旦交子不再被商人信任，整套以交子购买军需物资的体制便宣告破产。这显然得不偿失。北宋官方基本上在超额发行的上限"试探"。我们从史料里可以见到大量官员指出交子不可再多发的建议，还能读到关于交子贬值的记载。比如赵瞻认为：交子制度成立的根本在于有本钱，超额凭空印发交子，是欺骗民众的行为。[1] 皮公弼说：交子可以用作飞钱，但如果没有积攒本钱，是不能凭空发行的。现在某些陕西州军冶铁数量非常丰富，应该大力铸钱一百万贯，作为今后发行交子的本钱。皇帝同意了他的意见，命皮公弼主持陕西铸钱事宜。[2] 随着宋廷在陕西和四川大规模发行交子，交子的币值亦一路走低。前文提及，有商人在陕西以四百五十文至五百文钱购买一贯交子，随后至四川要求按票面兑现。熙宁八年（1075年），宋神宗已了解到当时交子发行量太大，导致"价贱亏官"。[3] 四川本地的交子币值出现较大幅度波动。宋神宗时，四川交子曾经达到"大坏，价贱不售，法几为废"的程度，后经交子务官员调整才有所改善。[4]

无论是陕西还是四川，宋神宗统治时期的交子发行机制一定出

---

[1] 脱脱等：《宋史》卷三百四十一《赵瞻传》，第10879页。
[2] 李焘：《续资治通鉴长编》卷二百五十九，熙宁八年正月丁巳，第6323页。
[3] 李焘：《续资治通鉴长编》卷二百七十，熙宁八年十一月甲戌，第6623页。
[4] 范祖禹：《太史范公文集》卷四十二《朝奉郎郭君墓志铭》，四川大学古籍整理研究所编：《宋集珍本丛刊》第24册，北京：线装书局2004年版，第415页。

现了不小的弊病，否则交子不至于贬值。毕竟这种轻薄的票据具有相当高的实用性，在推出之初受到商人的欢迎。古人说："祸兮，福之所倚；福兮，祸之所伏。"交子进入国家财政领域，被更多的领域和人员使用，被赋予更为重要的功能，自然是属于这种地方性纸币的荣耀时刻，可这也意味着有更多的人、更多的政策将左右它的命运，有更多的不知是否合适的场景将把它推向前台。一种原本设计精良、造福官民的制度，便会在无数双看得见和看不见的手的捉弄下逐渐走样。

从史料的记载看，无论四川交子还是陕西交子，都兼具汇兑票据和流通手段两重性质。只不过随着时间推移、制度变迁，四川交子的流通手段性质逐渐上升，这种票据日益"升级"为当地的流通货币。而陕西交子始终具有强烈的汇兑票据属性，官府发行它的目的便是调用多地资金支援某地采购。尽管陕西交子也可以作为流通手段，却只是它被兑现之前承担的临时性功能而已。如果流通手段是陕西交子的第一职能，就不会有那么多的商人要求在短时间内兑现，也不会出现官府拿不出足够兑现的本钱，商人不再信任交子的情况了。

这说明，交子在国家财政中的发行流通机制与职能仍然有改变的空间，它的潜力还没有被充分开发。只是这种改变会去向何方，将使交子变得更好还是更糟，此时还无人知晓。

4. 潞州交子

除了走向陕西，交子制度还在王安石的授意下输出至北宋王朝的东北部——河东。熙宁二年（1069年）闰十一月，熙宁变法的核心机构制置三司条例司经过仔细商议，宣布仿照成都交子制度在同样流通铁钱的河东地区发行交子，将交子务设置在潞州。制置三司条例司在河东推行交子的理由，与四川人使用交子的理由完全一致：铁钱搬运过于不便，发行纸币可以减少成本、便于货币运输。

或许王安石和其他最高决策层的成员对于河东交子抱有很高的期许，认为它应该能如四川交子一般，在本地流通和国家财政中都发挥重要作用。然而英明如王安石者同样不能事事顺心，宋代史书对于潞州交子的记载极为稀缺，因为它前后大约只行用了半年，潞州交子务便被罢废。原因也比较明确，潞州交子与河东地区原有的财政贸易模式不匹配。若河东官府改用交子购买商人的粮草，那么原本的支付工具便用不出去了。而河东交子的流通地域毕竟有限，商人无法在河东之外的地区花掉交子，只能把从本地赚到的钱留在本地，这无疑对于商人没有多少吸引力。换言之，河东地区的财政贸易循环排斥交子，潞州交子的短命便不可避免了。

交子与盐钞

熙宁八年八月十三日，宋神宗、王安石、吕惠卿等人在讨论国家要务时就是否继续发行交子展开了针锋相对的争论。

争论的起因，是一位陕西官员呈交了一份关于采购粮食事务的奏疏。这几位掌握国家最高权力的人很自然地顺着购粮事务谈到了交子。

王安石说："到了妨盐钞。"他认为在陕西各地铺开使用交子会妨碍盐钞的流通。我在前文曾介绍过盐利之于陕西财用的重要性。

宋神宗不同意宰相的意见，回应道："交子自是钱对，盐钞自以盐对，两者自不相妨。"皇帝觉得交子和盐钞是两种完全不同的东西，前者用现钱来兑现，后者则用解盐来兑换。既然交子和盐钞分别依靠现钱和解盐来保障价值，二者怎么会互相妨碍呢？

王安石对皇帝的论断丝毫不客气，径直反问："怎得许多做本？"他似乎对于官府究竟能储备多少交子和盐钞的价值保障物很是怀疑。

皇帝可能也觉得储存足够的交子本钱不太容易，只是回复："但出纳尽，使民间信之，自不消本。"交子先发着吧，只要使民众信任它的币值，就不用担心本钱问题。我想王安石对于这个答案是不以为然的。不过从现代人的角度看，宋神宗的想法颇有可取之处，至少比那些认为必须储备100%本钱才能成功发行纸币的观点要高明许多。或者换一种说法，宋神宗希望将流通手段变为陕西交子的第一职能。

面对僵持不下的尴尬局面，吕惠卿赶忙来打圆场，他认为可以按照四川交子法来发行陕西交子，即请有需要的民众自己花钱购买兑换交子。他的观点从更加实际、看起来更为可行的层面化解了交子本钱不足的难题，是对宋神宗观点的呼应。只是让民众花钱自购交子的办法，即便在当时也显得略为过时。

可王安石依旧不依不饶，这位出了名的"拗相公"根本不愿意改变自己业已认定的结论，他再一遍说"终是妨盐钞"，并直接说出了最核心的理由:"缘盐每岁凶丰不常,又督察捕盐有缓急,即用盐多少不定,若太多出钞即得,若少出即暗失了卖盐课利,可惜。许以此须多出些钞印,置场平卖。"[1] 这话说得很是实在,大意是盐的产量每年不同,官方对于产盐户和私盐的督查力度也有松有紧,所以没有办法固定提盐票据——盐钞的印发数量。王安石认为,印得少不如印得多。因为盐钞印数太少,会造成部分解盐因没有对应的盐钞而无人购买和换取,官府的盐利收入相应减少,财政资源因而被浪费。而多印盐钞,虽然有商人暂时提不出盐、盐钞价格下跌的风险,但至少所有盐都能卖出去,还让官府在短期之内获得更多的盐利收入。

从某种角度看,王安石的做法有其道理。如果盐钞贬值的金额之和小于增印盐钞获得的额外收入,盐利总体上是增加的。

问题是,为什么决策者们将交子和盐钞放在一起讨论,而且那么重视两者之间此消彼长的关系?

原因很简单,交子与盐钞都是朝廷为了增加陕西财政收入而投放的工具,两者之间具有竞争关系。

其实宋廷最初想用陕西本地出产的解盐解决购买军需物资的经费问题。出卖解盐的收益虽为陕西军政带来了丰厚的资金,可陕西军需用度在宋神宗积极开边政策的影响下大增,如果还只是按照解盐产量发行盐钞,已无法填补财政用度的缺口。

超额发行盐钞于是成为最直接而现实的选项。一方面,恐怕与

---

[1] 李焘:《续资治通鉴长编》卷二百七十二,熙宁九年正月甲申,第 6668—6669 页。

王安石持相同看法的官员不在少数。稍稍多发行一些盐钞并不会导致整个食盐专卖系统崩溃，相反官府还能获得某些好处。这就像今日多数国家推行温和的通货膨胀政策，在许多层面上看有利于国民经济的发展和稳定。货币金融领域不是非黑即白的，通货膨胀、通货紧缩并非只有百害而无一利。各国出于种种经济、政治、社会等因素考虑，可以灵活地选择货币金融政策。绝对意义上的中间状态反倒几乎不可能出现，而且即便出现也未必全是好处而没有坏处的。当然话要说回来，利益不同的人群看待相同的事物，对于什么是好处、什么是坏处的判断不尽相同。

　　据学者统计，陕西解盐的年产量大约为三十五万席；盐钞一纸可以换取一席盐，标价为六贯。用产量乘以标价，可得理论上一年的盐利应在二百一十万贯左右。宋神宗统治时期，陕西盐钞的发钞定额虽然几次上涨，却始终没有超过二百五十万贯，可实际的发钞量却为三百五十万贯，大大超过了解盐的生产能力和发钞定额，问题随之出现。

　　超额发行盐钞，是导致盐钞与交子产生直接竞争关系的主要原因。当盐钞的数量和解盐产量大致对应时，盐钞只是解盐的票据化代表。官府虽然直接依靠出卖盐钞获利，但是真正的利润来源还是解盐本身。盐钞超发之后出现了一批无法兑换到解盐的盐钞，这批超额盐钞不代表任何解盐，它们便凭空地成了盐法的盈利对象。

　　不过商人们不会逆来顺受地甘于沦为官府盈利计划中的"工具人"。本来我们已把你们需要的钱、粮运送到你们指定的地方，现在你们竟然还用超额印刷的盐钞来糊弄，论谁也不会接受。商人们开始向二级市场甩卖盐钞,向官府购钞的动力也有所下降,钞价应声下跌。

由此,宋廷为保障西北盐法正常运行专门设置了"收买卖盐钞场"等回收机构。熙宁二年九月七日,薛向请求朝廷于永兴军设置"买卖盐场";朝廷还在十二月五日令陕西置制解盐司向永兴军拨款十万贯,充当回购盐钞的经费。① 这是宋神宗时代第一次设置盐钞回购机构,超额发行的盐钞也得到了金属铸币来保障其价值。由此,保障陕西盐钞价值的物品从解盐变成了解盐和金属铸币两类,前者保障发行额之内的盐钞,后者保障超额发行的盐钞。如果商人得到超额发行的盐钞后,需要去买卖盐钞场卖掉盐钞换取金属铸币,这一流程与获得交子后找地方官府换回金属铸币又有何异?

问题是在最初的财政计划中,盐法本身应该为财政提供足够支撑军需采购的利润而不是接受资金反哺,因而官府不可能向买卖盐钞场投入大量本钱。超额发行的盐钞不一定要被全部回购,只要商人认为官府不会不管超额盐钞因而对盐法保持信心,同时盐钞的价格能相对稳定,我觉得官府可以接受这样的结果。这依然符合王安石的"多出些钞印"政策,只是增加了成本。在朝廷发行超额盐钞的制度设计下,相当数量的盐钞暂时停在流通领域,一方面为财政提供超额收入,另一方面民间也可能将其作为货币替代品进行流转。

不过超额发行多少盐钞、花费多少本钱、回收多少盐钞,并不是那么容易计算的。甚至即便精算出结果,在实践中依然会碰上这

---

① 徐松辑,刘琳、刁忠民、舒大刚、尹波等点校:《宋会要辑稿·食货》二十四之四,第 6513 页。

样或那样的难题。果然,长期支付现钱回收盐钞使宋廷财政不堪重负,宋神宗甚至抱怨道:"都内凡出钱五百万缗,卒不能救钞法之弊。"[1] 远在深宫的皇帝怎么也想不通,为什么明明掏出了这么多钱,却依然无法改善钞法。

看来,被多发行盐钞获取超额利润的做法反噬了。

在陕西推行交子,恰恰是宋廷改变透支盐法获取利润的解决方案。既然超额发行的盐钞也是用现钱回收,为何不直接引入名正言顺使用现钱兑现的交子呢?熙宁四年正月二十四日,宋神宗下诏称:"陕西已行交子,其罢永兴军收买盐钞场。"[2] 也就是说,皇帝和部分高层官员认为发行交子与盐钞回收产生了一些冲突。直接撤销永兴军收买盐钞场的做法无异于掩耳盗铃。发行交子后,之前超额发行、尚未回收的盐钞便可以不管不顾了吗?显然,宋廷没有出台合理的配套措施。停止回购让许多盐钞失去了价值保障,严重破坏钞法,所以熙宁四年交子很快被废除,永兴军依旧收买盐钞。我想宋廷也明白没有必要同时发行两种性质和运作机制均十分近似的票据。

熙宁七年,宋廷再次在陕西推行交子。发行交子的理由主要有二,根本原因当然是为了增加陕西军需采购经费;直接原因则是盐钞又因发行量太大而贬值,阻碍了军需物资采购。中书门下经过计算,指出熙宁六年超额发行的盐钞数竟然占据了盐钞发行总量的

---

[1] 李焘:《续资治通鉴长编》卷二百九十六,元丰二年正月丙申,第7202页。
[2] 徐松辑,刘琳、刁忠民、舒大刚、尹波等点校:《宋会要辑稿·食货》二十四之五,第6513页。

54%。假设盐钞也相应贬值54%，相当于解盐的售价降低了54%，而商人则在与官府的贸易中大赚特赚。假设原本商人的粮食、盐钞、解盐是等价的，现在由于盐钞贬值一半，商人可以得到两倍的盐钞，再去相应州军按盐钞标价提领解盐。在国家国力尚可之时，西北盐价莫名其妙地降低一半多，无论哪位中枢决策官员得知后也受不了。就像前文提到的，朝廷决定陕西应当根据官府库存现钱的数量印造交子，商人于边境得到交子后至某州军兑现，当地应该及时兑现。"如此则交子与钱行用无异，即可救缓急，及免多出盐钞，虚抬边籴之弊。"[①] 与熙宁四年一样，中书官员将交子作为货币的代表，但仅动用了官府资金作为本钱，交子发挥了飞钱的作用。由此，陕西边境可以通过交子来借助商人与内地州军的资金，盐钞的发行数量便能相应减少。

从熙宁年间陕西两次发行交子替代盐钞的过程中可以观察到，交子与盐钞有一定的互斥关系。互斥关系的产生，与超额发行盐钞关系密切。超额发行的盐钞以货币作为保障，一来耗费财政资金，二来在一定程度上有碍盐法，因此宋廷又不得不尝试使用其他票据来代行货币职能，以减缓货币对盐钞的"侵蚀"。用交子代替盐钞，从某种意义上表明朝廷希望让交子作为钱的代表，让盐钞回归于盐本身。两种票据名正言顺，有利于货币和盐业领域的稳定。

从交子与盐钞交织互动的过程中可以看到，宋廷为了西北军费开支可谓绞尽了脑汁。作为一种外地票据和货币，宋廷没有从一开

---

① 李焘:《续资治通鉴长编》卷二百五十四，熙宁七年六月壬辰，第6214页。

始就将交子引入陕西,而是力图使用陕西本地的特产解盐及其代表盐钞来筹集资金。可事情未能如朝廷所愿。军需开销越来越大,盐利收入却保持稳定,宋廷只能依靠超额发行盐钞来尽量弥合收入与支出之间越拉越大的空隙。而交子就像一根"救命稻草"、一位"救火队长",数次在陕西盐法即将踏入崩溃的泥淖时将它拉回。交子因而一战成名。

只不过,宋神宗时期的大部分臣僚对于交子的认识还比较"古典",认为交子需要有充足的本钱即时兑现。从史书记载上看,宋神宗那句"但出纳尽,使民间信之,自不消本"似乎已经是当时最开放的观点。宋神宗去世后,其子赵煦即位,他便是宋哲宗。宋哲宗对于财政、货币的看法相对保守,四川、陕西的财政、货币政策在他在位期间没有经历特别剧烈的变动。然而安定的氛围没有维持太长的时间。宋哲宗在位十五年后去世,年仅二十三岁。一位在仕途大起大落后却依然野心勃勃的福建中年人,和一位意外即位、热爱书画艺术、被历史塑造为昏君的年轻君主联手主导了北宋最后二十几年的政局。二人在财政货币领域刮起了一场比王安石时期更为剧烈的风暴。交子的命运将会如何,是乘风破浪、御风而行还是"风流总被雨打风吹去"?

第四章
混沌：宋徽宗时期的交子乱象

宋代是禅宗特别流行和发达的时代。当时的僧人特别重视记录高僧的言行，并编辑成书。那些充满智慧的妙语因而被原汁原味地保留下来。《五灯会元》就是记录禅宗谱系和僧人言行的代表作之一，编著者为南宋晚期的僧人普济。

书中记录了陕西凤翔府青峰传楚禅师的妙语。有僧人问："大事已明，为甚么也如丧考妣？"禅师回答道："不得春风花不开，及至花开又吹落。"①

这一问一答玄妙莫测，不知问的什么，不知答的什么，禅师的回应似乎答非所问。其实这种问答风格在当时十分流行。如果回答者一板一眼、一五一十地说出所谓的答案，提问者还有机会靠自己领悟禅机吗？假如僧人真正做到了明心见性，一切问题自有答案，根本无须回答。因此，"答非所问"本就是禅宗风格。

如果一定要细究问答的含义，我不通佛学，只能谈谈自己粗浅

---

① 普济著，苏渊雷点校：《五灯会元》卷六《青峰传楚禅师》，北京：中华书局1984年版，第342页。

的认识。僧人的问题似乎并非他的发明，其他文献记载了别人口中的类似说法，而且似乎更为完整。这套提问完整的说辞大概应当是"大事未明，如丧考妣；大事既明，如丧考妣"，难怪僧人在提问时专门用了"也"字。在"大事"还没有做明朗时，人可能会产生焦虑和担忧，如同父母去世一般感到痛苦；而"大事"清晰明确后，没有必要再担忧，就像父母去世后脱下重担似的。这只是我个人的理解，或许并不准确，甚至将精妙的佛语庸俗化了。通过互联网的确可以查询到其他的解释，但文字大多云山雾罩、难以理解。不论如何，"如丧考妣"一定包含了两个层面的意义，才能够分别比拟人在"大事未明"和"大事既明"时的状态。这样看来，"不得春风花不开，及至花开又吹落"其实没有答非所问，而是恰如其分地回应了僧人的提问，只是乍看之下关联不大而已。

宋神宗时期的交子虽然逐渐走上国家财政的前台，却尚未"登峰造极"。直到宋徽宗赵佶与蔡京二人联手借了东风才将交子吹上了天，这好似"不得春风花不开"。可好景总是不长久，在天空中飘浮的交子犹如泡沫，一触即破、转瞬即逝，又好似"及至花开又吹落"。作为一种没有生命的货币，交子在任何阶段都没有能力决定自己的命运。

风向哪里吹，交子便往何处去。

宋徽宗与蔡京

如果一位在宦海几经沉浮却又雄心勃勃的大臣，遇上了一位意外即位、艺术天赋颇高、想法颇多的年轻皇帝,他们两人将擦出怎样的火花?宋徽宗赵佶与蔡京就是这样一对君臣"拍档"。

1. 蔡京的起家之路

北宋王朝中的君臣"拍档"还有几对,每一对的个性都不相同。

宋神宗和王安石可能是最具影响力的搭档。年轻又想有所作为的皇帝被王安石慷慨激昂、筹划精密的说辞打动,二人对于治国理政方略的路子对上了,可谓一拍即合。宋神宗几乎以崇拜者的心态尊王安石为老师,即便"拗相公"的性格是出了名的执拗,无数次直接顶撞皇帝,但宋神宗依然能给予最大限度的包容。

接下来的宋哲宗和司马光也是一对搭档。但他们二人的合作不是双向选择的产物,而是"强扭的瓜"。因此结局似乎也是注定的——不甜。宋哲宗赵煦即位时年仅十岁,由太皇太后高氏临朝听政。高氏一改王安石等变法派主导的政治氛围,起用司马光等不得志的反对派,大规模恢复所谓祖宗旧法。也就是说,司马光与宋哲宗的搭档其实是高氏等在当时政坛中呼风唤雨的人物积极促成的。与王安石和宋神宗的关系类似,司马光也是宋哲宗的老师,只是这位老师不是年幼的皇帝自己选择的。司马光不仅是当时的政治家,还是极为著名的学者,《资治通鉴》这一不朽的史书正是出自他手。司马光执政可谓殚精竭虑,他在处理国家大事的同时,按照自己所认为圣王、明君的模样培养宋哲宗。只可惜,高标准、严要求的培养在年幼皇帝心中留下的只有逆反。等赵煦亲政，他找回变法派的重要人物理政，并将年号改为"绍圣"，向全天下宣誓自己将继承（"绍"字的含义）父亲宋神宗（"圣"字的指代）的意志。

而宋徽宗与蔡京的搭档关系似乎更像是企业老板与高管之间的扭曲合作。在二人的关系中，皇帝欲望丰富，独揽主导权；大臣积极逢迎，同时利用皇帝推行自己想要推行的政策、获取想要获取的利益。蔡京在熙宁三年步入官场，一开始路走得比较通畅，先后出使辽国、担任中书舍人和知开封府，稳步上升，春风得意。宋哲宗在位时期，蔡京先后在正确的时机附守旧派与变法派，因而被委以重任。不过某些官员也发现了蔡京圆滑，认为此人改变政见如同反掌一般轻易，根本不值得信任。宋徽宗赵佶一开始并不喜欢蔡京，于是在即位之初便将蔡京一路贬至提举洞霄宫，让他居住在杭州。洞霄宫是著名的道观，皇帝让蔡京担任洞霄宫的提举官，并不是真的让他主持道观的日常工作，而是令其拿工资、不干活。① 蔡京在杭州期间与以供奉官身份求访珍奇、书画的童贯结交。蔡京本身书法造诣很高，经童贯吹捧放大，宋徽宗开始留意这位被他亲手贬斥的"三朝老臣"。很快，皇帝身边的妃嫔、宦官、近习开始交口称赞蔡京，时任宰相韩忠彦等外朝官员亦因种种政治因素推荐蔡京，一时间皇帝感觉蔡京的确是个人才，怪不得好评如潮。

---

① 宋朝设有所谓宫观官，专门用于安置年老、体弱或政治上不得意的官员。

图 4-1　宋徽宗赵佶半身像

注：现藏于台北故宫博物院。

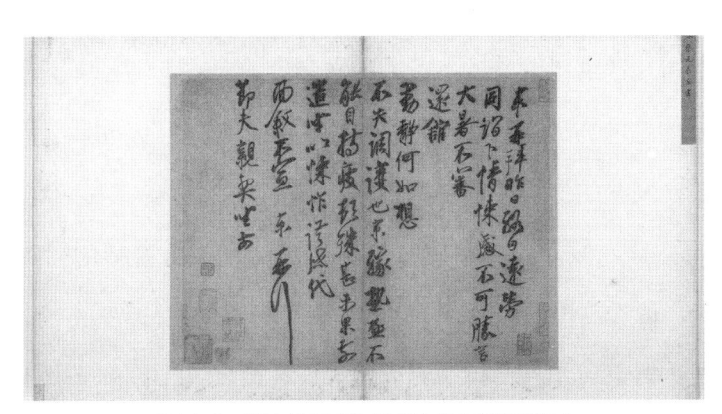

图 4-2　蔡京的行书作品《致节夫亲契尺牍》

注：现藏于台北故宫博物院。

赵佶在启用蔡京时出了最后一道题。皇帝召见蔡京，赐座，问："神宗创法立制，先帝继之，两遭变更，国是未定。朕欲上述父兄之志，卿何以教之？"蔡京完全没有"教"，而是叩头谢恩，表示愿意为此以死效力。不久之后，蔡京大权在握，君臣二人开始第一次搭档。

2. 宋徽宗的即位之路

说完蔡京起家的历程，我们再来聊聊宋徽宗赵佶是怎样即位的。其实皇帝之位本来轮不到由他来继承，这位原本应该成为艺术家的皇室成员硬是被人抬上了龙椅。可能很多朋友不知道，赵佶也是宋神宗的儿子，在兄弟中排行十一，不算年长。赵佶生于元丰五年（1082年），而他的父亲宋神宗在元丰八年（1085年）三十八岁时便去世了。这时赵佶尚为孩提，我想他对于父亲的印象恐怕并不深刻。随后即位的宋哲宗赵煦是赵佶的哥哥，十岁不到便登基，二十五岁去世，因此大宋皇帝的宝座很难正常交接。我所说的正常交接是指儿子继承父亲的皇位，这一制度或者说习惯是中国古代皇帝继承的主流方式。"兄终弟及"倒不是没有，但从数量上看始终是少数。宋朝的情况或许稍稍不同，毕竟王朝的第二位皇帝便是以弟弟的身份上位，兄终弟及从那时起被纳入"国家制度储藏库"，后人们可以按需提取。

据史书记载，赵佶自幼养尊处优、性格轻佻。他本来就不在神宗去世后的皇位继承人之列，兄长赵煦即位后，他自然也无须热心国家大事，丹青笔墨、骑马射箭、文玩珍奇都是赵佶兴趣所在。

谁都没有想到，那位司马光费尽心血培养的皇帝模板竟然英年早逝。赵煦去世时没有留下皇子，兄终弟及这一"祖宗之法"便被宰相、太后等人抬了出来，众人打算在赵煦的兄弟中选择一位继承大统。外人选择皇位继承人是一件政治风险和收益都很大，牵涉利益关系错综复杂的终极问题。整个选择过程都浸润在算计、大义、利益平衡、个人好恶等种种政治要素之中。谁也说不清我们现在能看到的记载究竟反映了多少真实面貌,难以抹去的重重虚像掩映在今人与史实之间。根据一般的记载,宋哲宗去世后,太后立即召集正副宰相商议此事。说是商议,其实是交锋。

太后指出宋哲宗无子,"天下事须早定"。宰相章惇厉声回应,主张按礼制册立宋哲宗同母弟简王赵似。

可是太后提出了不同意见,她没有直接否定章惇,而是自顾自地说:"神宗皇帝的儿子中,申王赵佖虽然年长,可他有眼疾。第二选择是端王赵佶。"章惇见皇太后连提都没提赵似,赶忙据理力争、陈述理由道:"如果论长幼秩序,那么赵佖最年长;论礼制,那么同母之弟赵似当立。"

皇太后也许对宰相如此不识抬举倍感震惊,随即做出终审判决般的陈词:"都是神宗皇帝的儿子,怎么能如此分别?赵佶本就是次选,而且哲宗曾经说他能享福寿,他又是仁孝之人,不同于其他诸王。"

太后的发言避重就轻却又如万钧雷霆,仿佛已将选择继承人之事一锤定音。在场的知枢密院事曾布、尚书左丞蔡卞、中书侍郎许将都表态支持太后的决定。章惇默然,无言以对。[①] 在决策宋哲宗继承人一事上,作为宰相的章惇并不占据优势。不仅太后与他意见不同,曾布、蔡卞都与他关系不佳、矛盾深重。根据《宋史·章惇传》对于此次决定皇位继承人的记载,曾布甚至在章惇正欲反驳太

---

① 李焘:《续资治通鉴长编》卷五百二十,元符三年正月己卯,第 12356—12357 页。

后时直接叱责道:"章惇,听太后处分!"①

在皇太后的独断支持下,赵佶继承大统一事已无可反驳。朝廷接下来需要做的事情也很简单,先召集诸位皇子前来送父皇一程,随后在他们和文武百官面前宣布新皇帝的人选。颇具戏剧性的是,端王赵佶当日告假,经人三番五次找寻、催促才匆匆入宫。

宋徽宗赵佶和蔡京搭档之后做了好几件大事。两人号称继承了宋神宗与王安石的意志,在新法的框架下打造一个财用充足、国力强盛的大宋王朝。赵佶和蔡京没有沿着"萧规曹随"的思路走,而是打着新法的旗号推行政策。当然,他们推行的政策与所谓守旧派欣赏的政策截然不同,从思路上看的确还应当纳入新法的框架。君臣二人在设计制度、政策时相当放得开,作风奔放大胆。新法派的"精神领袖"王安石若是看到赵佶、蔡京制定的政令条文,搞不好都会被两人的"玩法"惊讶得说不出话。

大变钱法

钱法,是宋徽宗和蔡京花大力气变革的领域。被改革的对象包括铜、铁钱,也包括交子。

我们今天在货币流通领域勠力改革,目的是消除不利于经济运作、货币流通的因素,能让货币更优质、更精准地服务于国民经济和社会发展。从更为宏观的角度看,当前经济政策"工具箱"中的

---

① 脱脱等:《宋史》卷四百七十一《章惇传》,第 13713 页。

财政政策和货币政策是两回事。前者大体指政府运用国家预算和税收等财政手段，通过对国民收入的分配和再分配，来实现社会总供给和社会总需求平衡；后者则是中央银行为实现其特定的经济目标而采用的各种控制和调节货币供应量和信用的方针、政策和措施的总称。财政政策的实施主体主要是财政部，方式则有增减税、增减财政预算、调整转移支付等；货币政策的实施主体主要是中央银行，具体措施主要包括信贷政策、利率政策和外汇政策。

古代财政政策与货币政策的分界远远不如今日清晰，甚至可以说不存在独立的财政政策与货币政策。绝大多数古代君臣认为货币是财政的一部分（尽管当时没有现代的"货币"和"财政"概念，但大致可以用这两个概念指代相关的古代领域），他们的观点影响到当代学者的研究写作。比如众多中国古代财政史著作会辟出章节讨论货币，主要的角度是货币管理机构的设置与职能、铸钱所用的原料与记述，以及货币发行量。古人和历史学家通常不认为货币发行量是独立的货币政策，而将其视为国家财政运作的一部分。

赵佶和蔡京的认识也不例外，他们大变钱法的核心意图有二：一是充足国家财政收入；二是满足皇帝奢侈消费的需求。至于凸显货币减少经济中各种摩擦的作用，王安石考虑过一些，但赵佶和蔡京怕是对此不感兴趣。

蔡京的思路并不复杂，我认为他的核心办法是降低成本生产更多数量的货币。例如他主导了当五钱、当十钱的铸造，即一枚铜钱可以当作五枚、十枚普通铜钱使用。当五钱、当十钱的形制比普通铜钱大一些，用的铜料也多一些，但对比普通铜钱的用料达不到五倍、十倍。一枚当十钱所用的铜料大约相当于铸造三枚普通铜钱的材料。如我在本书"引子"中说到的，铸造大钱这一行为本身不是绝对没有道理，但很容易产生两大恶果：一是向天下人宣告朝廷缺钱；二是引起蜂拥而上的盗铸狂潮。所以当十钱很快就只能按照铜材的价值——三枚普通铜钱在市面上使用了。总之，铸造大钱的获利不算太丰富，还容易引起社会、经济混乱。蔡京在铸大钱上倒是坚持不懈，但屡败屡战，一直没能完美取得他想实现的效果。

图 4-3　当十崇宁重宝钱

注：现藏于台北故宫博物院。

宋徽宗和蔡京对待纸币的思路与对待铜钱一致，做法也很简单：增加发行数量、扩大发行范围。双管齐下，给了交子又一次站在风口等待起飞的机会。

崇宁元年（1102 年），蔡京的一份上奏拉开了北宋末年交子变革的序幕。他认为，民众已经信任四川交子进入陕西流通。现在希望能印造三百万贯交子，下令交子、现钱、盐钞三者可以在陕西同时流通，拨成都常平司钱一百万贯充当本钱。[1]皇帝同意了这份上奏。

此次上奏不同于熙宁年间相关决策的方面主要有二。

第一，数额大幅增加。熙宁年间，朝廷几次在陕西印造交子，或引四川交子进入陕西，每次数额不过几十万贯。而蔡京的上奏一下子将交子数拉升至三百万贯，这一数量对于王安石和宋神宗来说恐怕是天文数字。要知道他们二人已是同时代最为"大胆"的决策者，四川交子最初的发行量也不过是一界一百二十五万余贯。

第二，本钱与交子发行量的比例下降。在熙宁年间，许多人提出本钱与交子发行量的比例应该为1∶1，即需要准备100%的本钱。这是因为交子在陕西更多地起到汇兑票据作用，商人从官府得到交子之后终归会前往指定地点，要求有关部门再将交子兑现。各地本钱不足在当时引起了兑现问题，造成交子币值下降。蔡京则将本钱与交子发行量的比例降低至1∶3，与官营四川交子起始的比例差不多。这个决定看起来更为务实，也减少了货币资源浪费，或许暗示宰相打算将陕西交子打造为真正的流通货币。这里有必要说明蔡京的年龄，他出生于宋仁宗庆历七年（1047年），在王安石变法之初的熙宁三年进入仕途，几乎全程见证并参与到熙宁、元丰时代的变法大潮流之中。崇宁元年时，蔡京已经五十五岁，是一位步入中老年的成熟官僚。因此，我们虽然常说蔡京野心勃勃，甚至定性他胡作非为、祸国殃民，可他设计、出台的政策未必是儿戏，背后总是

---

[1] 陈均编，许沛藻、金圆、顾吉辰、孙菊园点校：《皇朝编年纲目备要》卷二十六，北京：中华书局2006年版，第666页。

暗藏着某些特定的政治目的。只是为了达成目的，他愿意让他人付出的代价更高。

增加发行量之后，扩大交子的流通范围成为蔡京的下一个改革目标。崇宁三年，京西北路交子所成立；崇宁四年四月，交子被推行至淮南地区。而即便是京师开封和京畿地区，也应该短暂地流通过交子。遗憾的是，许多直接说明交子在某地新发行的史料没有能够保存下来。我们只能从某些交代其他问题的史料中寻得相关记载从而反推史实。崇宁四年六月，蔡京开始将交子"翻新"为"钱引"。六月二十三日，位于开封的榷货务买钞所称："奉旨：交子并依旧法路分，兼诸路通行，其在京及京畿行用等指挥更不施行。钱引依此印造，诸路用钱引，四川依旧施行。其已行交子，渐次以钱引兑换。"① 可见在崇宁四年六月二十三日之前，交子曾在京师开封和京畿地区流通。

问题是从这段史料看，蔡京将交子翻新为钱引后没有立即取消交子，社会上同时流通着交子与钱引两种纸币。这位"敛财大师"又是如何统筹协调的呢？

上面这段史料告诉我们"诸路用钱引，四川依旧施行"，也就是说四川之外的其他路分都改用钱引，旧交子逐渐在各种渠道中被钱引兑换，只有四川本地流通的纸币依然称为交子。而再往前那句"交子并依旧法路分，兼诸路通行"的含义则很是令人费解。有学者认为交子的流通范围扩大了，可以在"诸路"流通。而我个人

---

① 徐松辑，刘琳、刁忠民、舒大刚、尹波等点校：《宋会要辑稿·职官》二十七之十八，第3719页。

的理解则相对保守，这句话的意思恐怕是已经发行的交子可以继续在四川、陕西等已经使用交子的路分流通，而这些路分的交子自崇宁四年六月二十三日起可以打通路分区隔而跨界使用。这个说法暗含着宋廷在京西北路、淮南发行的交子原本彼此不能在对方境内流通，也不能与四川、陕西交子通用。只不过打通交子流通范围区隔的政策恐怕不同于我们想象的那样，目的在于扩大流通范围以便于交子流通。毕竟四川之外的地区即将改用钱引，此时增强交子的流通性又有什么作用呢？或许，蔡京的目的是使四川之外的交子更便捷地被钱引兑换。例如原本淮南交子只能在淮南兑换，现在持有者可以在京西北路、陕西等地兑换。

钱引流通的地区较交子广泛，即便是将流通范围增加到了京西北路和淮南的交子，也比不上钱引。崇宁年间，钱引的流通范围有京东、京西、淮南、京师等地，而根据其他史料的记载，陕西、河东、四川等地也随后逐渐流通钱引，可以说钱引的流通范围包括了宋朝统治境内的绝大部分北方地区和四川。但不知为何，朝廷大力推广的新纸币没有波及南方，福建、江浙、湖广等地竟然均不通行。史籍没有记载任何官方性质的说明，只有同时代的官员赵挺之的意见被保留下来。此人认为福建是蔡京的老家，而奸相想要放家乡一条生路，因此没有将发行钱引这脉祸水引入福建。[①] 不知赵挺之的意见是否被完整地记录，现存所谓蔡京是福建人所以不让钱引进入福建的说法很显然是斗气、戏说，根本不像成熟的政见。况且

---

① 马端临著，上海师范大学古籍研究所、华东师范大学古籍研究所点校：《文献通考》卷九《钱币考二》，北京：中华书局2011年版，第242页。

即便福建不流通钱引的原因果真如此,那么江浙、湖广为何也不流通交子呢?难道蔡京还有若干个第二故乡吗?因此,赵挺之的说法难以成立,不足为凭。

我在此提出一点个人的看法。钱引没有被引入广大东南地区的直接原因或许与当时北宋国家财政的贡输、调拨体系有关。北宋不论西北方向对西夏还是东北方向对辽的军费开支,主要在北方地区解决。因此,当朝廷需要依靠发行纸币筹集购买军需物资的经费,甚至利用超发货币盘剥民间财富时,应当会首先考虑在北方地区推行。当时经济重心南移尚未完成,北方地区并非物资生产不足,而是官府通过税收等形式汲取的财政资源不足以支撑日益庞大的开支。宋廷原本将购买这一税收之外补足物资的手段运用得炉火纯青,可无奈受限于经费不足。军需物资主要是"大路货",绝少有只能南方生产而北方没有的物品。宋廷自然没有必要舍近求远。

失控的钱引

宋廷将交子翻新为钱引先后分为两次。第一次在上文提到的崇宁四年,第二次在两年后的大观元年(1107年)。四川交子就是在大观元年的翻新中被替换为钱引的。

1. 整容手术

从功能上实在看不出交子与钱引有什么不同之处。无论在四川内外，钱引似乎都只是交子的新面孔而已。而蔡京正是这场整容手术的主刀医生。

比如崇宁四年六月朝廷宣布发行钱引后，规定有关部门要按新的样式印刷钱引；原本负责交子事务的官吏全部归入一个叫作买钞所的官衙中，双方合并为一个部门，共同使用"榷货务买钞所"朱记；[①] 旧有的交子务铜朱记不再使用，交给少府监做报废处理；"在京提举交子官印"原有印十一方，统一改用"提举钱引之印"这六个字作为印文；"在京交子务交子记"铜朱记十方，也一并改为"榷货务买钞所钱引记"这九个字。[②]

上述机构改革政策看起来没有触及根本。印章和朱记的文字虽然有所改变，但数量和功能没有变化。而交子务并入榷货务买钞所后，在负责钱引的发行、回笼工作之余，恐怕与回购盐钞这一买钞所的核心功能联系密切。宋徽宗统治时期的买钞所设立于崇宁元年。商人持不同种类的盐钞来到买钞所要求翻换兑现，买钞所原本应该按照盐钞面额予以相应数额的现钱。但此时朝廷在盐钞发行领域"开闸放水"，造成盐钞发行量远远高于榷货务积存的现钱数额，故买钞所不再用现钱全额兑现盐钞，转而采用百分之几用现钱兑现，其余部分则用乳香、茶引、其他地区的盐钞、官告、度牒甚至杂物折价兑换；某些地区的盐钞甚至只能折物而无法折现。不过，

---

① 朱记是宋代官印的一个种类，宋人明确区分"印"与"记"。一般来说，"记"较"印"更为"随意"，如不全用篆书而以隶书或楷书作为印文字体，且印文最末有"记"或"朱记"字样。

② 徐松辑，刘琳、刁忠民、舒大刚、尹波等点校：《宋会要辑稿·职官》二十七之十八，第 3719 页。

毕竟盐钞还有一定比例使用现钱兑现，交子务与买钞所合并的初衷可能正在于利用钱引解决榷货务现钱不足的问题。

看到这里，我想各位读者也会意识到钱引即将因发行量太大而失控。这种堪称宿命的命运轮回，不是换个名字就能够简单消除的。根据记载，交子（钱引）的发行量于崇宁元年增加二百万贯，崇宁二年增加一千一百四十三万贯，崇宁四年增加五百七十万贯。这几年发行量特别多与宋朝发动了对西夏政权的战争密不可分。崇宁二年，在童贯的总指挥下，宋军夺回湟、鄯等州，又派人招降西夏监军仁多保忠和羌人部族。当年纸币发行量特别巨大，应该受此直接影响。

2. 钱引危机

钱引的发行除了受到决策者意志的影响，还因人事调动险些"中道崩殂"。蔡京与宋徽宗赵佶的"蜜月期"逐渐过去，加之前者强推当十钱引发社会风波等因素，蔡京继续稳坐相位的日子怕是不长了。更令宋徽宗和蔡京备感不安的是，崇宁五年正月，天空中突然出现了一颗明亮至极的超级大彗星，历史记载彗星在空中连续二十日被人观察到。崇宁五年的这颗彗星被当时世界多地的观测者记录下来，成为天文史上非常著名的奇观。据说后来多次出现的掠日彗星"克鲁兹族"彗星就是由崇宁五年的这颗大彗星分裂而来的。但彗星出现在宋人眼中不是什么值得研究的天象或令人惊喜的景观，而属于恶兆的一种。在"天人感应"观念和其他宗教观念的影响下，赵佶不禁有些恍惚：难道是自己做错了什么，老天才会显现此般异象？可他是天子，又岂会轻易出错？一定是"福建子"蔡京大动干戈式的改革劳民伤财，引起沸腾的民怨，才使朝廷落得被天罚的下场。话说回来，蔡京执政之后，反对者的抨击从未中断，这说明他的政策肯定也是有问题的嘛……

二月，蔡京罢相，退出权力中枢。接任他担任宰相者，正是那位认为福建是蔡京的老家才没有流通钱引的赵挺之。

赵挺之拜相的时间不长，他的才能在历代宰相中绝不算突出，因此没有留下多少事迹记载。不过，他的儿子赵明诚倒是北宋晚期的名人，以擅长金石之学著称。而赵明诚还有一位流芳百世的夫人，其名声远远超过自己的丈夫和贵为宰相的公公。这位杰出的女性便是著名词人李清照。

赵挺之在纸币方面做出了不小的改动。

首先，废除钱引。尚书省向皇帝上书称钱引在"诸路行之不通，欲权罢印刷"，宰相赵挺之应该是背后的策动者。钱引取消后，朝廷用什么东西来填补票据和纸币的空洞呢？新任宰相提出的依然是老办法，用盐钞代替纸币。现在桌面上摆着两瓶毒药，红色的那瓶是超额发行纸币，蓝色的那瓶是超额发行盐钞。快要渴死的宋廷想不到其他的选择，只能挑一瓶看起来更加顺眼的饮鸩止渴。在我看来，两瓶毒药中还是红瓶子的毒性稍小些。钱引超发只影响货币领域；而一旦超发盐钞，盐和货币领域都会遭受极大冲击。而一旦专卖盐体系这根宋廷财政收入的重要支柱轰然崩塌，国家财政这座大厦倾覆几乎只是时间问题。更何况，蔡京超额发行钱引并不表示他没有在盐钞销售和兑现上"动脑筋"。蔡京不断地在专卖领域玩手段折腾商人，例如变更管理办法，让已缴纳"全款"的商人在提领盐钞时再出一笔数额不小的"尾款"，否则无法提盐。因此，盐钞的运作状态也谈不上多好。赵挺之把希望寄托在盐钞身上并不是明智之举，从未担任过重要财政官员的他或许想不出什么好办法，只是想推翻蔡京的政策而已。至于效果如何，先看看吧。毕竟等待和拖延都是政治中常用的手段。

最关键的问题是，新任宰相和尚书省没有想明白究竟如何处理已发行的钱引。他们给出的方案十分粗暴：官府手中的钱引用解盐钞替换；民众手中的钱引可以贸易流通，官府则引导民众去买钞所出售钱引，买钞所按与回购盐钞相同的各品类支付比例回收钱引。我想，买钞所恐怕是这一政策最大的反对者。既要回购盐钞，又要回购钱引，他们哪里有这样多的本钱？如果朝廷真能拨付相应的回收本钱，还需要买钞所费尽心思地回购吗？因此赵挺之废除钱引以及经由买钞所回购钱引的政策从原理上看无法成立。不过还算好，赵挺之废除钱引的政策未能持续，我将在下文中说明后续。

我们先来看他在货币领域的第二个大动作：发行小钞。

不破不立、有得有失，废除了一样纸币，再发行一种纸币，赵挺之似乎挺明白中和之道。从发行小钞一事来看，此人恐怕并不反感纸币，至少也清楚纸币的功用，而只是不想使用蔡京发行的纸币。小钞说小也不小，面额从一百文至一贯（一说十贯），分为若干等。熙宁以后，交子面额不过五百文和一贯两种。既然面额也包括一贯，小钞之"小"可谓名不副实，无非是比钱引多了几种面额而已。为什么发行小钞？显然，赵挺之希望用小钞取代及回收被众人诟病已久的当十钱，从而再消灭一项蔡京主导的财政举措。

小钞的失败几乎是必然的，主要矛盾有两点。首先，不管如何包装，小钞还是纸币。钱引超发在前，小钞回收虚值货币当十钱在后，如何轻易取信于民？其次，面额是个大问题。据史料记载，有关部门嫌麻烦不想印发小面额小钞，而只给一贯面额的了事。普通民众得到之后，很难在日常交易中使用。这对于小钞的推广无疑十分不利。史书中对于小钞的正面记载因而极为罕见。

3. 钱引归来

一年后的大观元年（1107 年），赵挺之罢相，不久病逝。蔡京卷土重来，第二次登上相位。与赵挺之一样，他也将前任的政策一并罢废，试图恢复大钱和钱引。

钱引随着蔡京复相"置之死地而后生"，犹如获得了第二次生命。这一次蔡京不只是回归老套路，在广大的北方地区推行交子，他还要把钱引带进交子的发源地——四川。五月，四川交子正式改称钱引，成都交子务也改名为钱引务。成都转运司官员认为崇宁年间开封交子务并入榷货务买钞所后立即大费周章地变更印章意义不大，反而徒增民众的疑虑，故向皇帝申请将第四十三界交子延用交子之名和旧的印章，从第四十四界起再改称钱引。

有学者认为，崇宁四年钱引与此次大观元年发行的钱引性质不同。前者使用于替代盐钞的票据，而后者则是交子真正的继承者，属于纸币。不过根据我们在前文的论述,其实交子的性质也不能一概而论,应当说兼具汇兑票据和流通手段的性质,只是在不同时间、不同场景下某种性质占据主导而已。另有学者指出,用所谓代替盐钞票据的"钱引"之名冠以四川交子头上,本身就暗含着宋廷要提升交子财政功能的意图。这点也很好理解,铜铁钱、纸币等宋代主要的流通货币,以及银锭,大都是官府发行或在官府的主导与监管下发行的。官府为什么要发行货币?当然不是为了润滑经济,而是有相应的财政目的。更具体地讲,宋代官府在某时某地某场景中选择发行哪一种货币,发行多少,都是有特定目的或者说为了解决具体问题。我反复强调北宋西北财政中盐钞和交子的关系,就是为了通过一个典型例证,向大家提示宋代官府如何以财政目的决定货币发行。

钱引虽然复活了,官司虽然也改名钱引务,但小小的纸币要真正以"钱引"的名义大显身手似乎还需耐心等待,毕竟第四十四界不会立即发行。

可四川等地的民众坐不住了,他们觉得把交子改名为钱引换汤不换药,而且正是蔡京翻云覆雨掩饰国家财力空虚的手段。事实上,他们的感觉十分正确。钱引(交子)的发行量在大观元年又增加了五百五十四万贯。多年积累下来的恶果导致钱引(交子)换界时只能以 4∶1 的比价兑换为新一界,即一张一贯面额的旧界纸币只能按新一界二百五十文计算。面对不利局面,皇帝和宰相没有公开反思自己政策的合理性,反思纸币发行量究竟是否合适,反而斥责有关部门"奉法不谨,纵民减价。慢令失职,莫此为甚"[1],这真是岂有此理。将纸币贬值归结于有关部门玩忽职守,纵容民众擅自减价使用的说法,很显然丝毫不顾经济规律,仿佛纸币也应该是完全受行政命令控制的"顺民"。

四川交子尚能维持面额一贯实际值二百五十文左右,而陕西、河东两地的一贯面额交子的币值竟只剩下五十、七十文,贬值率令人咋舌。陕西、河东的交子持有者纷纷涌入四川要求兑换手中的交子。史书记载随着境外交子大量、快速流入,四川纸币有壅遏之弊,而从陕西、河东过来的民众则有路途之艰。豪强之家做起了中介生意,他们从平民手中收购交子,统一运送至四川兑现,从而赚取巨额差价。朝廷听闻此事,宣布恢复永兴军钱引务的建制,集中负责收兑陕西、河东交子事宜;[2] 还规定民间金额超过十贯的交易,必须使用现钱和钱引各 50% 的比例。[3] 遥想交子初生和刚被收归官营时,它在大额、长途贸易中大显身手、风生水起,而今竟然落到这般田地,甚至需要官方强令才能部分回归自己原先的"主战场"。我想这份强调现钱与钱引"五五开"的诏令效果必然不佳,因为用什么货币支付、接受什么货币涉及实打实的利益。官府既然拿不出合适的解决方案,试图依靠超经济强制力粗暴解决问题,那就不要怪民众执行不到位。事实上钱引(交子)的币值继续下跌,宋廷的

---

[1] 司义祖整理:《宋大诏令集》卷一百八十四《川蜀钱引减价令运司分析御笔》,北京:中华书局1962年版,第668页。
[2] 脱脱等:《宋史》卷一百八十一《食货志下三》,第4404—4405页。
[3] 马端临著,上海师范大学古籍研究所、华东师范大学古籍研究所点校:《文献通考》卷九《钱币考二》,第242页。

"救市"政策收效甚微。

大观二年八月,一位名叫张持(一说张特)的四川官员站了出来,向朝廷毛遂自荐,声称现在钱引一贯仅价值十分之一,如果消灭发行一回笼中的弊病,则可以让币值涨至八百文,且让钱引在货币流通领域站得住脚。他具体提出的设想是:

盖必官司收受无难,自然民心不疑,便可递相转易通流,增长价例。乞先自上下请给,不支见钱,并支钱引,或量支见钱一二分。任取便行使,公私不得抑勒,仍严禁止害法不行之人。[①]

与许多官员强调储存本钱,甚至储存100%全额本钱不同,张持的方案全然不涉及本钱,足见他并不觉得本钱是决定钱引成败的关键因素。他的焦点集中在流通领域,强调官府和民间应该如何运用钱引。官府作为钱引的发行者和最主要的使用者,如果都不信任钱引,都不愿意在财政活动中按相对高的币值接受钱引,民众又怎会安心使用钱引呢?因此,张持方案中的第一个也是最重要的一个设想是"官司收受无难",把提升钱引币值的责任主动拢到官府身上。随后,他指出官府内部的拨款全用钱引而不再给现钱,最多根据具体情况酌情使用10%～20%的现钱。此外则是要求钱引在公私领域任意使用,任何人不得强索或压价,制定严厉的法规惩戒违反规定者。

[①] 马端临著,上海师范大学古籍研究所、华东师范大学古籍研究所点校:《文献通考》卷九《钱币考二》,第242页。

朝廷觉得张持的说法很有意思，听起来可以在钱引发行量很大、本钱不足的现状下一举扭转颓势，于是将他从威州知州的职位上升任成都府路转运判官，主持四川钱引的发行工作。一纸调令让张持走上了"人生巅峰"。一方面他可以在合适的官衙实践自己的主张，另一方面则是从偏远的威州来到西南大都会成都。张持的说法很容易引起今人共鸣，因为现代信用纸币的运作机制包含了他提出的观点。不过，让宋人接受这个观点可不容易。哪怕到元、明甚至晚清时期，许多官员和文士依然认为本钱是纸币的根基，100%本钱说仍旧有市场。这里必须厚今薄古一把。古代不存在现代意义上的经济学、货币金融学、财政学，他们对于纸币流通机制的理解肯定比不上今人。当然，能否直接拿着今天的理论和结论去解读古代纸币是另一回事。古代官员因其教育背景，懂钱谷的少，懂钱谷背后机制者更少，在懂行的基础上还能提出改革意见的更是凤毛麟角。宰相和大部分财政领域的高官其实不懂财政，而在相关领域做事的技术官僚一方面重实务轻理论，另一方面上升通道又十分有限。因此，我们在史料中看到许多官员对财政、货币问题侃侃而谈，他们的观点实则未必足取，甚至不及先秦秦汉时期定型的《管子》。只有极少数官员具有较高的财政、货币素养，还有难得的机会将他们的聪明才智挥洒于相关领域。中国古代屈指可数的几次财政、货币大变化，同这些官员密不可分。

张持的理解显然有不到位的地方。他的解决方案原理大致正确，可忽略了最关键的因素——钱引超发实在是太多了，数量远远超过了日常的交易流通需求。官府通过财政采购投放的大量钱引，根本没有渠道消化。此时即便官府愿意按照钱引面额收款，也只会被人当作"冤大头"在暗地里嘲笑而已。而官府若要按钱引面额支出，仍然无人接受。倘若真的对不接受者施加严刑峻法，那么与官府做生意的商人将会越来越少。惹不起，还躲不起吗？我们不知道张持最初抱着什么样的目的向朝廷陈奏自己的钱引改革方案，也许是针砭时弊，也许是自认为颇有心得，也许是谋求加官晋爵。但无论目的如何，张持未能做出一番成就便黯然"下课"。他的设计未能奏效，钱引币值持续下跌，甚至跌到"不可用"的程度。最终绝招被无奈祭出：在新制钱引上加盖新印章和押字交给各级官吏使用，已发行而没有加盖新印章、新押字的统统废弃不用，[①]这显然是穷途末路时的孤注一掷。即便情况好转，也必然触怒众人；若情况无甚变化，张持定当身败名裂。大观四年正月，"前知成都府路转运判官"张持被送去偏远地区做不重要的监当官。原因是同僚弹奏他持论欺诞，也就是认为张持有意蒙骗他人、胡说八道、异想天开，还说他随心所欲地变更钱引制度。

此后，没有第二个敢于设计新制度的张持站出来。钱引之弊，似乎无人能救了。钱引的命运，是否即将抵达终点？

---

① 脱脱等：《宋史》卷一百八十一《食货志下三》，第4405页。

第五章

延续：走向南宋

宋朝的各种纸币是一脉相承的吗？这个问题的答案似乎不言自明，但其实疑点重重。许多人知道宋朝人发明了纸币，叫作"交子"，似乎不论北宋还是南宋，不论四川还是东南，都只流通交子这一种纸币。就连元、明、清时代的某些学者，也只写下"宋之交子"如何如何，仿佛其他种类的纸币不存在，或不值一提。而如果有机会采访一位来自行都临安的南宋人，问他"圣朝用的可是交子"，他十有八九将给出否定的回答，说不定还会掏出口袋中的纸币，展开后指着票面上的文字说："此乃'会子'。交子，吾弗用也。"

退一步看，南宋最主要的纸币东南会子，与四川交子有直接的联系吗？直接的联系恐怕还真没有，精神上的或者说原理上的联系倒有一些。早期民营的四川交子与东南会子前身之一的便钱会子十分接近。后者是由临安城内的商人主导发行的票据，目的也是解决大额货币缺失的痼疾。东南会子的另一大前身是见钱关子。见钱关子由南宋朝廷主导发行，运行机制可以简单归纳为商人向某地官府花钱购买见钱关子,再携见钱关子到指定地点兑现。出售见钱关子的地方因而获得了商人的购买资金,可以用于充实财政经费。总之,见钱关子看起来和北宋陕西交子以及超额发行的盐钞有十分近似的功能。问题在于,东南会子完全是南宋朝廷在绍兴末期新设计、新发行的纸币,与四川交子(钱引)没有直接的继承关系,甚至连两种前身也是由相关官员根据当时的财政需求独立琢磨出来,在长期的实践中打磨定型的。结果是南宋人把交子和会子分得很清楚,懂行者不可能混为一谈。另外几种重要的南宋纸币,如湖北会子、淮南交子,也是朝廷为了实现某些具体的财政目的而专门设计的,都有各自独特的发行缘由和运作机制。我在研究论文中讨论过相关的话题,就不在这里赘述了,感兴趣的朋友或许可以找来文章稍加浏览。[1] 总而言之,每一种宋代纸币都有属于自己的发展脉络和功能属性,四川交子从未做到"一统江湖"。当然话说回来,尽管有这样那样的不同点,但所有宋代纸币的设计框架基本没有跳出北宋四川人确立的范围,大体上属于同一类型。

  与其他宋代纸币相比,四川交子更凸显传承有序的难能可贵。它作为纸币始祖,不仅没有"中道崩殂",还持续流通到了南宋晚期。从天圣年间的第一界官营交子到晚宋第九十九界钱引,以及随后的第一、二、三料新钱引,四川交子始终在书写着一部薪火相传的历史,其中有高峰,也有低谷。

---

[1]　王申:《湖北会子与南宋国家财政格局变迁》,《湖北社会科学》2021年第6期;《淮南交子与南宋两淮地区的财政运作》,《安徽史学》2021年第1期。

张商英的整顿

在宋徽宗和蔡京的操弄下，交子（钱引）的命运岌岌可危。这时，一位力挽狂澜的官员出现了。

这位官员名叫张商英。

张商英是四川蜀州人，宋英宗治平二年（1065年）考中进士在官场出道，时间比蔡京稍早几年。宋英宗的统治过于短暂，张商英真正获得赏识和官声是在宋神宗在位的熙宁年间。在那个年头，想要有所作为的年轻人基本都是乘着王安石变法的东风，有人扶摇直上，有人稳扎稳打。张商英原本应该属于后者。他首先回到家乡四川，担任达州通川县主簿。通川县位于比较偏远的地区，虽然是达州治所之所在，可在全国范围看当然不是什么经济百强县。巧妇难为无米之炊，官员要在此地任上干出一番成就并不容易。张商英却抓住机会，做出了一桩政绩。史书记载他长身伟然、姿采如玉、气质不凡，是个不折不扣的帅哥。当时渝州的少数民族叛乱，众人一时间束手无策，而张商英竟然凭借三寸不烂之舌劝降了叛乱者的首领。这是他初次崭露头角，被授予南川知县。

南川知县任本应按部就班地积累年资、到期升迁，可决定他今后官场走向的贵人——章惇，竟以出人意料的方式点名要见张商英。不知您是否对上一章的内容还有印象，章惇就是那位与宋哲宗皇太后力争皇位继承人并惨遭失败的宰相。从得意到失意，变化相当快。而对于张商英而言，从平淡到得意，也可谓意想不到。那时章惇来到夔州路担任高官，动辄调笑侮辱州县官吏，没有人敢同他说话。当地官僚想起张商英仪表和谈吐不凡,觉得此人或许能压一压章惇的嚣张气焰,于是把他叫过来,等待时机与章惇见面。

说来也巧,过了几日章惇正好问起这个地方有没有什么人才,下面的官员借机"不怀好意地"引介张商英。章惇便邀请这位素未谋面的年轻人一起吃饭。只见张商英身着当时文人着装中最时髦的道袍,拱手高举作长揖后泰然就座,姿态风度与平日里那些战战兢兢的官员可谓有天壤之别。章惇随意地提起话题,张商英侃侃而谈,其真知灼见闪耀着光芒。章惇竟觉得眼前这位年轻人的某些见识在自己之上,大喜过望,遂引为上宾。

过了一段时间,章惇离任回京。他没有忘记那位偏僻小县的知县,找了机会向大权在握的王安石极力推荐,说自己寻得一位优秀的年轻人,或可成为变法的得力干将。当时的王安石苦于朝中净是反对之声,环顾四周,可为己所用之人绝少。他的脑中或许快速思索了一番:虽然此人无甚名气,但既然通过了章惇的考察,也许真的能成为我的好助手,不妨先调到身边观察一段时间。便叫张商英赴京见他,提拔张商英担任中书礼房检正公事,又擢升监察御史,将其视为推行新法的得力干将。张商英从偏远小地的县官一跃成为参与国家高层政务的"京官"。

张商英在随后的岁月中也是随着诡谲的政治气氛几经沉浮。比如崇宁之初,他与蔡京关系不错,可随后二人政见上的差异逐渐暴露出来,外加御史弹奏张商英政治立场反复不定,他遂被贬出京城,先后辗转多处担任知州。

大观四年,蔡京再次被罢相,张商英则以知杭州的身份获得了一次过阙面见宋徽宗的机会。他向皇帝陈奏，说宋神宗修建法度的宗旨在于去大害、兴大利。如果大家能够一一做到，当然是最好的；只要不失神宗皇帝的宗旨，假如政策有弊病就要即时变法。宋徽宗对于这个回答应该是满意的，而其实换成任何一个想要"进步"的官员都会做出类似的套语式表态，因此张商英的说法当然谈不上高明。

可是没过多久，皇帝竟然钦定张商英做宰相。决定性的理由是那个空泛的表态吗？恐怕不是。史书给予了我们另一种颇有道理的解释。原来，蔡京执政早已引起不满，大家觉得张商英能够分辨出现行政策中哪些是善政、哪些是恶政，认为他有贤能。考虑到张商英的人望，宋徽宗才将他放到宰相的位置上。

也许崇信道教的皇帝一开始对任用张商英未必很放心。说来也巧，当时久旱，彗星高挂于天。而就在任命完新宰相的傍晚，彗星消失；第二天，久旱逢甘霖。宋徽宗大喜过望，觉得自己更换宰相顺应了天意，还亲笔写下"商霖"二字赠送给张商英。

执政后的张商英确实分得清楚轻重缓急，没有如赵挺之那般全盘推翻蔡京的政策。从王安石与司马光、变法派与守旧派的斗争开始，宋代中后期的政策随着人事变动经常反转颠覆。在货币领域，张商英面对的主要问题还是当十钱与钱引的乱象。这两样东西的确为朝廷赚了不少钱，引发的社会后果却十分严重。在当时的财政条件下，贸然废除钱引很不明智。钱引有其无可替代的优势与作用，宋廷通过增发钱引赢得了许多超额财政收入。赵挺之倒是轻易地废除交子，可还是不得不顺应官私需求创造出换汤不换药、流通状况更为糟糕的小钞。这让他的货币改革失去本意、毫无价值。张商英则坚定采用第四十一至四十三界交子（钱引）不再收兑，第四十四界钱引按照天圣旧额发行的办法。

其实宣布与落实不再收兑第四十一至四十三界交子（钱引）极其需要魄力，我相信不理解、咒骂执政者的人数绝不会少。这三界交子（钱引）虽然严重贬值，但持有者仍然不少。当朝廷真的宣布它们即将自然死亡时，持有者的利益自然受损。这项政令牺牲了三界交子拥有者的利益，去换取钱引的新生命。从朝廷的角度看，这是"壮士断腕"；站在普通民众的立场，这是朝廷的掠夺。如果我是宋人，我可能在朝廷几次三番变更政策后不再相信交子（钱引）。即便官方明确说不再收兑前三界交子（钱引），第四十四界恢复天圣制度重新开始，我对于他们能否说到做到、钱引制度能否保持稳定仍然抱有重重疑虑。特别是三界交子（钱引）虽然在市场交易中贬值，可官府毕竟从未正式承认，现在竟然还公开宣布不再按常规流程换界，人们又怎么敢再用钱引代表自己的财富呢？

宋人到底还是顾大局、识大体的。现存史料中几无三界交子持有者的血泪故事，倒是直言第四十四界钱引发行之后，钱引的币值逐渐稳定，四川的纸币流通领域恢复了往日欣欣向荣的局面。宋廷的纸币政策在一夜之间仿佛回到了八十多年前：第四十四界钱引的初始发行量重回天圣年间定下的一百二十五万余贯；本钱亦储存得当，数额甚至比当初定下的三十六万贯更多，达到了五十万贯。[①]

[①] 脱脱等：《宋史》卷一百八十一《食货志下三》，第4405页。

从第四十四界钱引算起直至北宋灭亡,每界钱引的发行量都没有提高。也就是说,张商英力主的保持发行量稳定的政策,奠定了此后北宋四川钱引的基本格局。

张商英本人对改变钱引命运一事大概比较得意。宣和年间,已经从行政岗位退下来的他精心整理了自己执政期间的所作所为,定稿后将要上奏皇帝。史书没有保存原文,而是将相关文字概括为"以为自旧法之用,至今引价复平"。这一记载影响了当代历史学家如何建立张商英改革与钱引流通秩序恢复之间的因果关系。

最后稍稍聊些关于宋徽宗的题外话。

赵挺之、张商英先后大幅调整货币政策,作为皇帝的宋徽宗当然是知情的。以往人们总是说宋徽宗与蔡京如何勾结起来祸国殃民,那么为什么皇帝曾数次将蔡京从宰相之位上罢黜,同时任由现任宰相大幅变动政策呢?比如将钱引的发行量恢复至天圣时期的数额,很显然大幅减少了财政收入,甚至还要付出相当高的整治成本。据《宋史》记载,卸任成都知府的席旦来到开封面见赵佶时直截了当地报告:"蜀地原本用铁钱。因铁钱难以运输,所以官府暂时发行了纸币。可是有关部门为了牟利,竟然越发越多,造成民众不再相信朝廷的纸币制度。"皇帝回答说:"我为你减少了数百万增发的虚券,又另外下拨了一笔本钱,这样是否足够?"话说到这个份上,席旦自然得表示皇恩浩荡:"陛下向偏远地区的民众施以恩惠,不吝惜巨额经费以挽救弊法,此乃上古圣王的用心。"

同意蔡京捞钱的是赵佶,亏钱救弊的也是赵佶,何也?我想从钱引政策变化的事例中至少可以得到两个认识。

第五章 延续:走向南宋

第一，正如我在前文中所言，宋徽宗与蔡京是某种扭曲的企业家和高管的关系、老板和打工人的关系，绝不同于宋神宗和王安石、宋哲宗与司马光那样既是君臣又是学生老师的相处模式。宋徽宗决定用不用蔡京几乎没有心理负担，最多只需处理起用蔡京时的舆论压力而已；蔡京面对皇帝的决策也不敢有怨言，相反必须尽力讨好皇帝以求在宰相之位上多待些时日。每一次黜落再起用都会让蔡京对皇帝更为"忠心耿耿"。

第二，宋徽宗恐怕不是传统历史叙述中那位只懂艺术、不理朝政的昏君。如果把昏君定义为不务正业，整天吃喝玩乐、声色犬马的君主，赵佶大概无法归于其中。他其实什么都懂，而且至少在某些时候想要有所作为。赵佶担任皇帝时做成了几件大事：一是任用童贯、种师道等人取得了对西夏战争的大捷；二是任用蔡京改革学校教育制度，增加各级学校的数量，提高地方教育普及程度；三是大幅增加了国家财政收入，尽管蔡京的相关政策饱受诟病。这三件事既是当时政坛的头等大事，又是宋神宗、王安石政策框架的延续。宋徽宗虽然做了不少荒淫无道、劳民伤财之事，但大政方针其实没有违背他即位时打出的继承宋神宗遗志的旗号。因此，宋徽宗做出的决策都是昏庸、误国的吗？显然不是。我想他很清楚蔡京所作所为的政治意图，也明白什么政策有利于国家，什么政策是劳民伤财的。当然，明白不等于一定会选择更有利于国家的决策；即便选择了，结果也未必如愿。以交子（钱引）政策为例，前几次听任蔡京滥发纸币的赵佶，在贬斥张商英并又一次请回蔡京之后，却再也没有改变相关制度。此外，他对于当十钱的态度也十分暧昧，远不如蔡京坚定。假如他真的与蔡京是一丘之貉，为何又会同意赵挺之、张商英等人大变蔡京主导的各项政策呢？

我想，宋徽宗定然有自己的考虑。只是后人编纂的史书甚少保留决策过程，削减记录正确决策的笔墨，还强调了某些错误决策荒诞的一面。北宋亡在他和宋钦宗手里是无可回避的事实，但他既不是英明神武的明君，也不是彻头彻尾的昏君。现在已有学者注意到存世史料记载的局限性，从史料编纂等层面探寻存世史料的形成过程和编纂者的写作意图，试图发掘宋徽宗更多的历史面貌。

是非功过，自有后人评说。至少宋徽宗任用张商英改革，的的确确扭转了钱引的历史走向。

钱引在南宋

1127年，北宋靖康二年，金军攻陷北宋都城开封，俘虏了徽、钦二帝以及一大批宗室成员和朝臣，盛极一时的北宋王朝宣告灭亡。据说北宋灭亡之前府库极为充盈，国家财政实力达到了整个北宋的高峰，无怪乎有人说北宋是"突然死亡"。

北宋灭亡不代表无人抵抗，赵构称帝，各地的抗金活动风起云涌。战争的阴霾自然笼罩在四川大地之上。随着西北地区的渐次丢失，川陕边界竟成了宋金西北对峙的前线。大量军队驻扎于四川，庞大的军需开支落在了四川官府和四川民众的头上。如果说北宋四川的财政供输基调是支援陕西，那么南宋四川则以保障本地的军需开支为首要任务。颇为令人唏嘘的是，随着陕西大部分地区丢失，北宋时期陕西的经济命脉解盐,在南宋竟成为被打击的私盐。四川与陕西之间曾经繁忙的商贸活动,受政权更迭影响而几近终止。

图 5-1　宋高宗赵构画像

注:现藏于台北故宫博物院。

南宋的国家财政体制也因战争有所变化,南宋四川经济的独立性要高于北宋四川和北宋陕西。原来,由于国土丧失,南宋的国境线来到了长江—淮河一线。与敌对临近政权接壤之处多于北宋,使南宋朝廷需要更为分散地驻扎军队,同时必须想办法解决供军财政这一难题。南宋朝廷想到的办法是,将全国分为若干块由总领所统辖的区域,每个区域包含若干路,这些路的大部分财政收入由总领所统筹分配,从而尽量实现各个区域自给自足的效果。总领所以地域名称作为称呼,统辖范围一目了然。四大总领所被先后设立,从东往西分别是淮东总领所、淮西总领所、湖广总领所和四川总领所。

四川总领所在四大总领所中独立性最强。宋人自己分析说：其他三个总领所掌管的财政资源都有定额，若遇军费不够则上报朝廷，把难题交到朝堂。而四川距离临安朝廷最远，货币又不相同，总领在和平年代能够以更高的独立性掌控财政大权。可一旦有事需要额外筹集军费时，朝廷也"不问"。① 因此，四川官员几乎从南宋建立之初的建炎年间（1127—1130年）起就开始利用盐、酒、茶等多种财政资源筹集军费，可以说能用上的都用上了。然而有学者总结南宋四川的财政状况后发现，财政赋入从绍兴年间起已有竭泽之势，此后甚至有所减少，而支出却与日俱增，收支之间的不平衡愈演愈烈。②

怎么办？增印纸钞这个老办法很自然地被提上了议事日程。

为了筹集军费，南宋人没能守住张商英等人建立的钱引流通格局，从建炎二年起就开始增发钱引。南宋在建炎、绍兴年间先后十数次增发钱引，每次增发量在数十万至数百万贯不等。此后直至南宋灭亡，钱引发行量的变化均与四川是否遭遇战事有关。若要打仗，则钱引发行量高些；若暂时和平，则钱引数量保持平稳。问题是，南宋人几乎没有下调过钱引发行量，仍然大体按照两年发行一界、收回一界的方式运作，这就造成钱引的流通数量越来越多，直至南宋晚期的天文数字。

出乎意料的是，钱引币值并未直接伴随发行量增加而下跌，至少在南宋前期有一个发行量大增而币值相对平稳的阶段。我们来看

---

① 李心传：《建炎以来朝野杂记》甲集卷十七《四川总领所》，第393页。
② 高聪明：《宋代货币与货币流通研究》，第266—268页。

一则涉及宋高宗绍兴年间的记载。

绍兴前期,赵开被任命总领四川财赋。他的首要任务是筹集资金采购军粮,因此大量发行了钱引。在无法以常规税赋填补的财政缺口面前,谁也没有办法、没有理由阻止赵开的政策。据统计,赵开在任期间曾经多次大规模印发钱引,总数约为一千七百一十万贯,可是"人亦未始厌其多"[①],钱引的币值也没有太大波动。以赵开的政绩为例,钱引币值相对平稳的原因可能是:流通领域对钱引的需求尚未饱和。

经过北宋晚期的整顿,钱引的流通数量大幅下降。整顿的好处是钱引升值,提高了人们对于钱引币值的信心,但坏处则是许多原本流通钱引的领域一下子失去了流通手段,陷入无"钱"可用,必须另寻货币替代的窘境。南宋新发行的钱引填补了这些领域的空缺。既然人们还渴求更多纸币,官府增加钱引发行量以回应民众的需求,自然不会导致钱引贬值。比如绍兴三年,赵开以钱引没有流通于夔路为理由,增印钱引一百五十万贯;当年十月再次增印二百万贯用于和籴。[②] 又如绍兴末年,四川总领王之望推动钱引流通于南宋控制之下的陕西州军。据说钱引在当地顺利流通,诸军

---

① 杜大珪:《名臣碑传琬琰集》中卷三十二《赵待制开墓志铭》,《景印文渊阁四库全书》,台北:台湾商务印书馆1986年版,第450册,第450页。也许有细心的朋友观察文献出处后,会指出四川人不觉得钱引太多是赵开墓志铭中的夸耀之词,未必全是实情。但反过来思考,人们大多认为大肆发行钱引将导致贬值,宋人当然更是如此。而赵开的政策竟然没有引起多少负面效应,此事才值得作为政绩写入他的墓志铭中。

② 李心传:《建炎以来系年要录》卷六十八,绍兴三年九月甲寅,第1143页;卷六十九,绍兴三年十月甲午,第1168页。

更愿意以钱引作为军俸,银、绢的需求量随之下降。王之望称之为"极为公私之利"①。在当时四川的主政者眼中,货币领域还有不少空间可供钱引流通。总体来看,钱引在南宋四川财政货币收入中所占的比例相当大,使得财政领域可容纳的钱引数量增多。此外,主政者还利用财政活动,提升了钱引的流通性;通过推行法令,稳定钱引币值。这些举措与北宋官员推行的政策差别不大,故不再赘述了。上面的例证提示我们,货币发行量与币值之间的关系是复杂的,二者间的正反比关系不一定总是成立。

南宋四川官府也采取了诸多手段主动地调节钱引币值。主要手段有以下两种。

首先,利用铁钱、金银、官告、度牒等秤提钱引。秤提又名称提,是宋人用其他货币、物品回收纸币,以减少纸币流通量,提升纸币币值的手段。上述四种物品是宋人秤提纸币最常用的工具。铁钱、金银无须再做解释;官告是任官的委任书;度牒是祠部发放给僧人的身份凭证。官告的作用自不必说,它使购买者在社会身份和赋役上都享有一定特权;"持证上岗"的僧人或道士在宋朝拥有免去部分赋役的待遇,因此许多有钱人会购买度牒以备不时之需。尽管钱引(交子)早已成为不兑现纸币,即持有者无法持钱引(交子)到有关部门要求兑现为铁钱,但这并不表示官府不会利用其他货币和实物通过市场领域调节纸币币值。事实上,官府投入秤提的物品数量甚巨,每次秤提都能够在一定区域范围和一定时间范围之

---

① 李心传:《建炎以来系年要录》卷一百九十七,绍兴三十二年二月乙卯,第3326页。

内提高钱引的币值。

其次，长期维持按期兑界的制度。我在前文提到，宋代官府取消纸币兑界制度通常与纸币发行陷入困境直接相关。反过来，兑界制度被执行得越久，便表示纸币流通秩序相对较好的时段越长。南宋官府宁愿屡次增加钱引发行量，也不轻易打破兑界年份，延长一界钱引的流通时间，足以见得稳定的兑界制度在他们心目中的地位。前文提及北宋时交子（钱引）已是两界并行，直到南宋"开禧北伐"后，四川军费吃紧，钱引改为三界并行，既有的兑界制度才由此被打破。此后，官府不仅凭空使流通中的钱引增加一界，还经常在钱引到期时宣布延期使用。到了南宋晚期的淳祐九年（1249年），钱引被更改为十年一界。南宋政权此时已是内外交困。

南宋末期，钱引发行量过多、兑界制度失灵，自然导致币值一落千丈。老态龙钟的钱引在迎来第九十九界之后，人们建议不要发行第一百界，而重新从第一界计数。可是"行之未久，而蜀遂大坏"。与此同时，四川的军事长官开始兼领负责财政的总领所长官，集军权与财权于一身。钱引发行再也无人、无官司制衡，一切以满足军需为纲。

这次的打击比蔡京执政时期要深重得多。承接第九十九界钱引发行的第一、二、三料[1]，总计数亿贯之巨。一方面，财政开支增加导致发行数量变多；另一方面，钱引贬值又导致官府不得不投放更为惊人的数额。短短数年间，第一料钱引的贬值幅度已让官府颇为

---

[1] 新发行钱引的计数单位从"界"改为"料"。

难堪，他们随即宣布第三料与第一料的比价为 1∶5。此举对于挽救钱引币值几乎无效。很快，官府选择另起炉灶，发行一种名为"银会子"的新型纸币。新纸币与第一料钱引的比价为 1∶100。银会子仍以铁钱的单位"贯"来计算，令人怀疑它与白银是否形成了有效的、事实上的联系。这种加上贵金属之名，给人一种"洗心革面"的态势，宋人也在与金银并无关联的纸币"金银见钱关子"上使用过。银会子的发行量亦毫无节制，两年之间共造二千八百余万贯，折计第一料钱引超过二十八亿贯。四川纸币无疑距离灭亡的深渊越来越近了。

宝祐四年（1256 年），临安朝廷宣布停止发行钱引和银会子，银会子暂存而钱引停用；同时将四川纸币的发行权收归中央，仿照第十八界东南会子的样式推出又一款新纸币——四川会子。至此，交子及其继承者钱引彻底走完了二百余年的流通历程。

伤感的话语不必说。任何事物都不会长久存在，从诞生到消亡本就是极为正常的过程。我们也无须替宋人觉得伤感或遗憾。宋人自己觉得钱引灭亡遗憾吗？恰恰是宋人日积月累的操作，一手埋葬了钱引；在钱引不堪大用后，他们又立即找寻和设计新的工具解决财政难题。身处多事之际，谁又会为了一张薄薄的楮皮纸伤春悲秋呢？

"神龟虽寿，犹有竟时。腾蛇乘雾，终为土灰。"如果把交子的流通历程比作人的生命，我想它先是年少成名、意气风发，成就可谓为天下人之先；随后一招不慎险些满盘皆输，幸得贵人相助登上了更大的舞台；欲在国家大事中建功立业，却未曾想大舞台亦暗藏着大危机，人前风光百般好，人后辛酸谁知晓；看尽人间冷暖、世事变幻，生命的历程跟随历史的行程起起落落；晚年时国家衰败，自己岂能在刀光剑影之下独善其身？

总之，交子一生中的高光时刻足够灿烂，足以让千年之后的人们牢牢记住它的名字。

钱引的样式

钱引究竟长什么样子？很遗憾，由于没有钱引或钱引印版、印章存世，确切的答案目前无人知晓，只能等待考古发现让其重见天日。[1]现在能见到的几种宋代纸币印版，种类包括交子、会子、金银见钱关子，但就是没有钱引。更何况这些所谓宋代纸币印版的真实性也饱受质疑。

幸运的是，明代曹学佺编纂的《蜀中广记》保留了关于钱引形制的文字记载和示意图。我们由此能从这些珍贵的记载中大致窥知钱引的部分面貌。

首先是文字记载。《蜀中广记》引用元朝人费著《楮币谱》的说法，指出大观元年（1107年）五月，交子务改为钱引务之后，有

---

[1] 我们通常认为南方潮湿、土壤含水量高，墓葬中的纸张因而容易腐烂，很难长久保存。从以往的考古成果看，宋代墓葬中保存下来的纸质文献的确极为罕见。不过，浙江武义徐谓礼文书的发现则说明密闭性较好的南方宋代墓葬同样能够比较好地保存纸质文献。徐谓礼墓是砖椁石板顶墓室，该墓葬的制作者通过在棺内灌注水银，用"三合土"填补棺木与墓壁间的空隙等手段，实现了密闭和防腐效果。实际上，徐谓礼文书是被盗墓者以非正常途径首先发现并试图出售的，然而买家一则没有见过与徐谓礼文书类似的其他宋代文书实物，二则也不相信南方地区的墓葬能如此完好地保存宋代文书，故迟迟无人购买。这才给了有关部门追回这批文书，并延请专家整理解读的机会。

关部门为印造钱引新铸了六种印版，分别是敕字、大料例、年限、背印，这四种印用黑色；青面，用蓝色；红团，用红色。六种印版都有花纹作为装饰，红团印和背印还刻有不同的故事。[1] 故事，顾名思义是过去的事。这里的故事当然不是给小朋友读的睡前故事，而是历史典故、神话传说之类时人大都熟悉，又方便辨认图样意义的事件。

图 5-2　传南宋"行在会子库一贯文"纸币钞版（王申摄）

注：现藏于中国国家博物馆。

其次是示意图。《蜀中广记》保留了第七十至七十九界钱引的示意图。这几界钱引虽然在南宋高宗绍兴至孝宗淳熙年间发行，不过看起来与文字记载中大观元年的形制基本吻合。从现存的史料记载看，钱引的形制始终没有发生多少改变。

让我们来逐项分析《蜀中广记》中的钱引示意图。在第七十至七十九界钱引的示意图之外，《蜀中广记》还有两幅完全一致的总示意图，一幅位于整套示意图之首，另一幅则位于第七十六与七十七界之间。为什么要制作两幅示意图，且第二幅既不在最前又不在最末，而是诡异地插入不同界分之间，我不知道确切原因。或许因为这几幅示意图位于卷中，而刊刻这几幅示意图的刻工与刊刻后文者又并非同一人，也许二人分头刊刻没有沟通，也许涉及按叶结算工费的问题，总之不方便出现落单的空白页。因此刻工只能多

---

[1] 曹学佺：《蜀中广记》卷六十七引费著《楮币谱》，第120页。

刻一次总示意图，从而填满书叶。

此处我本应向各位展示明刻本《蜀中广记》。很遗憾，因为版权问题而不得不作罢。退而求其次，这里向各位展示日本内阁文库藏江户抄本。该抄本对刻本的"复制"可谓极其精细，连每叶中缝的刻工姓名都摹写下来，大体可见明刻本的风采。

从总示意图看，钱引的形制从上到下分为九个部分，分别是：一、"界分"；二、"年号"；三、"贴头五行料例"；四、"敕字花纹印"；五、"青面花纹印"；六、"红团故事印"；七、"年限花纹印"；八、一贯或五百文"故事背印"；九、"书放额数"。而同书文字记载则仅包括六印：敕字、大料例、年限、背印、青面、红团。示意图包括文字记载的六个部分，在钱引的上方多出了"界分"与"年号"，在下方多出了"书放额数"，总共三个部分。

我个人认为正式的钱引中很可能没有"界分""年号""书放额数"这三个部分，此处仅是曹学佺、费著为了在书中区分及说明各界钱引的发行状况所做的标注。首先，钱引每界的发行量应属机密，秘不示人。我们今天因能接触到记载高层政务的历史文献，才大体知晓钱引等纸币的发行量，这不代表普通的宋人也能获得相关信息。恰恰相反，除了特殊情况，如为了稳定公众信心而公开宣布第四十四界钱引恢复天圣旧额，宋廷不太可能高调公布钱引发行量，更不会在每张钱引上明确标注。否则，商人和民众很可能根据发行量自发地调节钱引购买力，这将导致宋廷增发钱引的策略收效甚微。综观其他中国古代纸币，也几乎没有直接公开标明发行数量的例子。

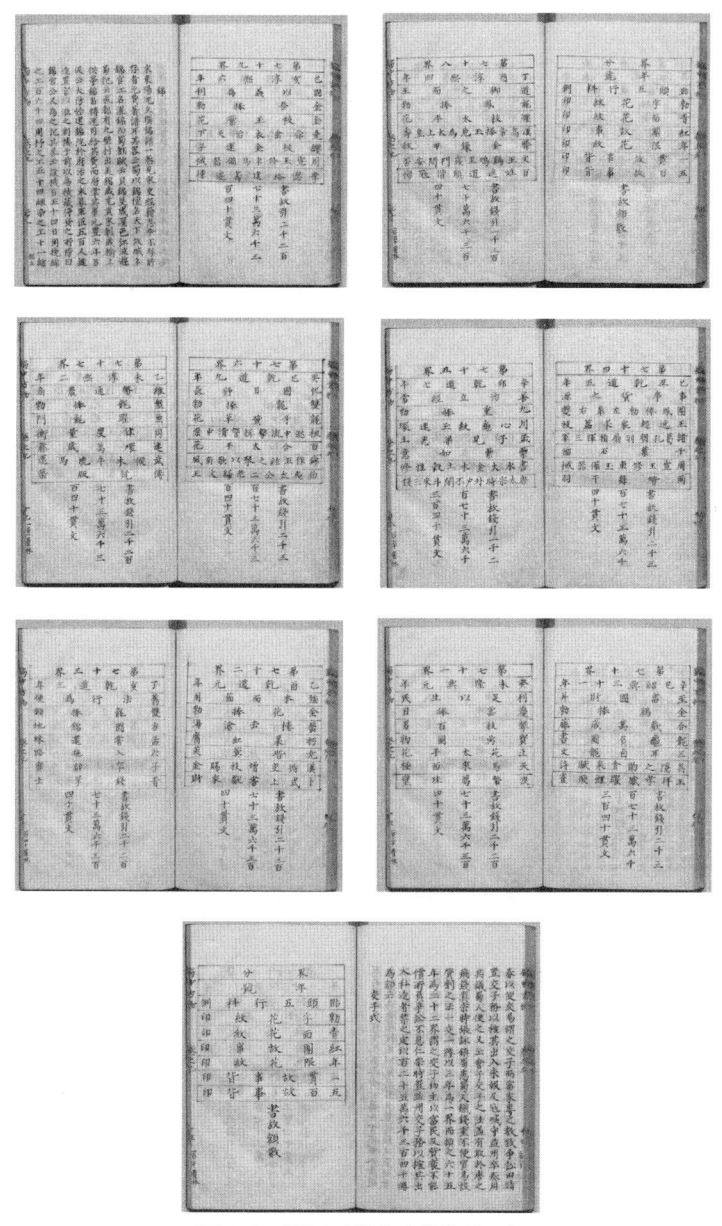

图 5-3 《蜀中广记》中的钱引示意

注：日本内阁文库藏江户抄本。

第五章 延续：走向南宋

而"界分"与"年号"似没有必要标明在纸币上，因为文字记载和示意图都指明钱引已有"年限"印，不需要重复。另一方面，即便钱引上果真有界分、年号，它们的提示作用也不见得多强。今天我们在使用人民币时，会专门注意印刷在纸币背面的发行年份吗？我想除了少数"发烧友"，大部分人只看人民币的颜色与图案，或者干脆觉得能在市面上流通的人民币肯定能用。而新老版本人民币交替时，官方一定会通过各种渠道宣传告知，不需要我们操心。对于宋人来说也是一样，辨别不同界分的图案是他们生活中的"基本功"，属于无须特别点明的常识。宋人有时甚至直接用纸币上的图案来指代某一界。比如第十七界东南会子印有宝瓶，人们便称之为"瓶楮"；第十八界印有灵芝，人们便称之为"芝楮"。但对于《楮币谱》《蜀中广记》的读者来说，如果在一连串示意图中见不到界分与年号，必然一头雾水。

钱引没有印制"界分""年号"还有一个证据，即下一行料例前的"贴头"二字。"贴头五行料例"是文字记载中的"大料例"，贴头、五行分别表示料例所在的位置与文字数量。料例是由五个字组成的一句关涉国计民生的语句，每一界钱引的料例不同，可用于区别界分。第七十至七十九界的料例文字分别是"至富国财并""利足以生民""强本而节用""旧法行为便""事序货之源""善治立经常""化国日舒长""维币通农商""道御之而王""国以义为利"。

料例之下是敕字。敕，是皇帝下达的圣旨的一种。皇帝下达命令所用的文体有很多，如诏、令、制、敕，每一种文体各有其用途和使用场景。钱引敕字的内容应当与其他纸币大同小异，大致表明这界钱引发行合规、合乎圣意，流通范围和时间是什么，伪造者和举报者将分别获得什么样的惩罚和奖励。文字记载称敕字印有花纹作为装饰。示意图显示，敕字印的花纹的作用是用某种图案衬托皇帝的敕，第七十至七十九界的图案分别是"金鸡捧敕""庆云捧日（敕）""金花捧敕""双龙捧敕""团凤捧敕左皁右夔""九重捧敕""双龙捧敕""盘龙捧敕""龙凤捧敕""金吾捧敕"。第七十三界和第七十六界的图案主题虽然都是双龙捧敕，但绘制细节肯定有所不同。

接下来是青面花纹和红团故事印。前者为蓝色，后者用红色；前者绘花纹，后者讲故事。这也是钱引用彩色印制的部分。第七十至七十九界的青面花纹分别是"合欢万岁藤""攀枝百男""蜃楼去沧海""方圆锦地""王逸超众果荔枝""川心龟纹玉连环""龙牙黄草花""鱼跃龙门""缠枝太平花""金枝玉叶花"，看来以植物为主，偶见动物。红团故事则先后是"龙龟负图书""宝鼎图物""朽粟红腐""孟尝还珠""诸葛孔明羽扇指挥三军""孟子见梁惠王""祖逖中流击楫誓清中原""同律度量衡""汉高帝捧玉卮为太上皇寿""尧舜垂衣治天下"，内容以与政治有关的现象、静物和圣王贤臣事迹为主。

随后是年限花纹印。与前面各印的形制类似，年限花纹印应当也是用锦绣花纹将标明使用年限的文字团团围住。文字是"红花"，图案是"绿叶"。从第七十至七十九界的图案分别为"三耳卣龙文""上苑太平花""尧阶蓂荚""六入毯路""千叶石榴""累累如意""百合太平花""连环万岁藤""滕金锁甲纹""缠枝金莲子"，以静物为主。

接下来是与众不同的一贯或五百文故事背印。钱引的面额分为一贯文与五百文两种，不同面额对应不同的故事背印。背印，顾名思义印在背面，而其他五种印都在另一侧，这就像人民币也有正反两面。因钱引背面只有面额故事印，我推测这种印版的面积应该比较大，是钱引最主要的印版。第七十至七十九界一贯文故事背印涉及的故事图样分别是"吴隐之酌贪泉赋诗""天马来西极""汉循吏增秩赐金""子罕辞宝""周宣王修车玉（马）备器械""书水火金木土谷惟修""舜作五弦之琴以歌南风""武侯木牛流马运""文王鸡鸣至寝门问安否""周宣王修车马备器械"；五百文故事印的图案分别是"王祥孝感跃鲤飞雀""皮币荐珪璧""卜式上书献家财""青钱学士""两阶舞干羽""唐太宗时外户不闭斗米三钱""伯夷太公二老归文王""传说版筑""百姓遮道愿借寇恂""李德裕建筹边楼"，上述故事图案基本上与政治教化密切相关。

以上便是《蜀中广记》通过文字记载留给我们的主要信息。或许仍有一些信息没有被我注意，或许钱引其实包含界分、年号、书放额数三部分，我想其余部分大体不误。

这里必须再说明一个情况，《蜀中广记》示意图虽然将各印按从上到下的顺序分行排列，但其呈现的位置关系非常粗略，仅具有提示作用。理由有二：第一，我们不知道每块印版的大小，部分花纹图案说不定是交错叠压的，也有可能相隔较远；第二，我们不知道工匠的印刷方式，他们印刷各印图案时或许选择了不同的角度，即各印未必如示意图一般直上直下排列。现存史料没有保留关于钱引各印具体位置的记载，而宋人讨论金银见钱关子印制方式的论述或许能带给我们些许提示：

上黑印如西字，中三红印相连如目字，其下两旁各一小长黑印如两脚，宛然一贯字也。①

类似的记载不止上述一条。金银见钱关子各印图案排列成发行主导者贾似道的"贾"字，可谓宋人的共识。②因此，钱引各印也有可能按我们意想不到的方式排列。

从史书的记载看，钱引不但图案丰富、纹饰复杂，而且采用了黑、蓝、红三色套印的先进印造方式，应当位列当时全世界印刷技术的第一梯队。不管是草木静物还是世间人物，都被能工巧匠错落有致地仔细排布在楮皮纸上。一张崭新的钱引将是多么的光彩熠熠，可以想见。钱引钞票和印版未能留存至今（或仍有待于考古工作者发现），使我们无法一睹真容，只能推测其形制，着实遗憾。

其他四川纸币

交子、钱引长期流通，带动了四川其他纸币的形成和发展。在纸币先驱的影响下，四川人对于用纸张表示价值、作为交易媒介再熟悉不过了。而交子、钱引的面额稳定在一贯文与五百文，给了当地官员发行其他更小面额纸币的契机。毕竟许多交易的金额远远小

---

① 佚名撰，汪圣铎点校：《宋史全文》卷三十六，北京：中华书局2016年版，第2927页。
② 有许多当代学者试图根据上述记载复原安徽东至金银见钱关子钞版、印章的排布位置。参见施继龙、李修松：《关子钞版排版方式研究》，《北京印刷学院学报》2008年第6期。

于五百文，即便买家掏出一张五百文交子购物，卖家也不一定找得开。崇宁五年，四川交子已出现相当幅度的贬值。而宋徽宗在一份诏令中仍然指出：川峡地区的官府用交子、度牒支付和买绢帛。这些货币和证书价值过高，导致普通民众根本无法把自己手中零碎生产的绢帛卖给官府，豪商便在官民之间上下其手，通过买入卖出获利。官府和买绢帛，必须支付现钱。[1] 到了南宋孝宗乾道年间（1165—1173年），一位四川官员指出"盖八九百之直，须假钱引；或四五百之数，必以见钱。傥见钱日削，贸易不成，恐虽有钱引，民不能用"[2]，额度低于四五百文的交易需用现钱，显然也和钱引最低面额为五百文有关。

军队很可能是对货币面额最为敏感的部门。军费拨款当然尽量选用大额货币，白银、布帛等高价值实物充当军费的情况也十分常见。可发到士兵手中的军俸则必须使用小额货币，否则士兵很难在市场上顺利消费。尽管史料没有明言，但我猜想很可能有一批货币兑换商和物资供应商跟随着宋朝军队。这点很好理解：现在的建筑工地之外，总会临时冒出一些杂货铺子和小饭店。等工地解散，这些商户也同一时间消失得无影无踪。明清以后的史料明确记载了当时有一拨专做随军生意的商人，宋代十有八九也有类似的行业。

南宋初期几种面额较小的四川纸币，正是由军队系统创造的。

绍兴七年，川陕宣抚副使吴玠在河池发行"银会子"。此银会

---

[1] 徐松辑，刘琳、刁忠民、舒大刚、尹波等点校：《宋会要辑稿·食货》三十八之五，第6829页。

[2] 汪应辰：《文定集》卷十三《乞免解发铁钱赴两淮书》，《景印文渊阁四库全书》，第1138册，第706页。

子与南宋晚期的四川银会子不是一回事，学者为了区分，便将其称为河池银会子。河池银会子分为"一钱银"（四张折合钱引一贯）、"半钱银"（八张折合钱引一贯）两种面额。有学者指出，河池银会子用银保障价值的原因是军费多为银、绢等实物。[1]这当为确论。只是白银大都被宋人以重达数十两的银锭形式使用，作为军费大额开支自然较为便利，用于零散支付军俸却极为不便。河池银会子的面额就颇为适中：一钱银面额折合钱引二百五十文，半钱银折合一百二十五文。因此，河池银会子应当被视为银锭小额化的产物，便于军人的日常零用消费。

此外，隶属利州东路的兴元府、金州、洋州流通着名为"铁钱会子"的小面额纸币。铁钱会子创自隆兴元年（1163年），分三百、二百、一百等三种面额。但它与钱引的比价约为6∶1，故三种面额实际大约只相当于钱引五十、三十三、十六文，故极适用于小额交易，军俸也以铁钱会子和铸币发放。[2]因面额小，时人也称呼铁钱会子为"小会子"。

其他四川纸币的运行机制无疑延续着交子制度，还因面额不同，填补了交子（钱引）与铁钱之间的中空地带。南宋后期，本来面额较大的钱引一再贬值，这些小面额纸币自然失去了生存空间。它们连结局都没有被史书记载，就这样悄无声息地离开了。

---

[1] 刘森：《宋金纸币史》，北京：中国金融出版社1993年版，第118—122页。
[2] 黄淮、杨士奇编：《历代名臣奏议》卷二百四十《任将》载虞允文上奏，上海：上海古籍出版社1989年版，第3158页。

第六章
启后：交子与后世纸币

前人栽树，后人乘凉。时至今日，我们依然享受着交子的"余荫"。宋代交子与当代纸币之间当然有很大的区别，可千年前的伟大发明还是给予我们对于中华纸币源远流长、一脉相承的自豪感。

抚今追昔，宋代交子与当代纸币的异同、历代纸币制度如何有差异地延续、交子带给世界哪些贡献和遗产，许多人孜孜不倦地向历史和理论追问着。

其实，古人也是一样。

交子诞生之后，它便从虚幻而狂野的想象变成了一种看得见、摸得着的实物。人们为之振奋：富商巨贾和常出远门的人松了一口气，携带货币的成本因它的出现而大大降低；皇帝和朝廷高官的眼睛也在发光，国家增发货币、利用货币控制财赋资源因它的出现而更为便捷；学者们则摩拳擦掌，批评者有之，做"头脑风暴"畅想它的无限可能性者亦有之。

从南宋至晚清民国，无数有识之士专注于分析交子的得失成败，或为未来的货币政策出谋划策，或是批评时局，或是梳理历史,又或者只是单纯地满足自己的好奇心。

不管爱它、恨它、赞美它还是诅咒它,纸币都会安安静静地等待着人们的垂青。即便某些古人把它抛在一边,好似它从未出现似的,却只能是掩耳盗铃。后人终将打开尘封已久的工具箱,让纸币重见天日。其实,人们的批评、诅咒、讥讽等一切看似负面的评价,都是促进纸币不断进化完善的磨刀石。

"宝剑锋从磨砺出,梅花香自苦寒来。"伟大的事物不是从诞生之初就注定伟大的,而是在演进变化的过程中逐渐展现出它的伟大。

作为纸币的理想模型

纵观北宋以降的后续中国古代史,南宋人很可能是对北宋交子研究最细致的人群,尽管在今人看来他们的认识与结论未必成立。为什么南宋人如此关注北宋交子?原因恐怕有二。

第一,南宋铜钱铸造量较北宋大幅下跌,以发行货币取得的财政收入锐减。据学者估计,整个北宋铸造了二亿六千万至三亿贯铜钱,年均超过一百五十万贯,宋神宗元丰年间曾达到过一年铸造五百零六万贯这一令人瞠目结舌的峰值。[1] 而南宋的岁额(中央要求全国各个铜钱铸造机构每年铸造的总数)多在十余万贯而已,实

---

[1] 高聪明:《北宋铜钱制造额》,《中国史研究》1990年第1期;[日]宫泽知之:《北宋の财政と货币经济》,《宋代中国の国家と经济—财政・市场・货币—》,东京:创文社1998年版,第61页。

际铸造量经常不足额。[①]关于南宋铸钱量为何"跳水"的说法很多,宋人一般认为铸钱入不敷出,即铜钱铸造机构的生产成本大于收益是主要原因。但为什么会造成这种现象,则少有令人信服的解释。总之,新铸铜钱的缺失,使南宋人很自然地将目光集中于纸币上。

第二,许多南宋官员、学者对于当时实行的纸币制度不满意。南宋朝廷按区域发行了四种主要纸币,分别是四川钱引、东南会子、湖北会子和淮南交子。这四种纸币中,东南会子流通的路分最多,特别是它被南宋中央政府财政收支所用,因此地位最隆,对国家财政具有最为重要的意义,也是被南宋人集中批评的对象。

理性地批评需要有的放矢。这些不同的声音通常由地方官员发出,通过奏疏等形式上报至皇帝和决策机构手中,因此更需要圆融论证自己的观点来说服最高决策层。批评者意识到,仅仅报告自己观察到的问题并不具有多少说服力。南宋疆域那么大,各地情况那么复杂,更换政策的成本那么高,如果只是在某地发生不动摇国家根本的问题,最高决策层恐怕很难采用自己的意见。因此,宋代人建言献策通常会增加两项颇为有力的武器。一是引用并阐释儒家经典。古人做出的政治决策,大多需要符合儒家经典的要义。经学在古代不仅有纯学术的一面,还有关乎国家政治根本、用于设计国家政策路线的另一面。问题是,对于儒家经典的解释是多样的,更何况原有的货币政策很可能也符合经典文献中的某些道理。因此,单纯讲儒家经典还不足以施加足够的压力。二是大谈"祖宗之法",

---

① 汪圣铎:《两宋货币史》,第392—395页。

即点明当朝皇帝的祖宗们制定的是什么制度、运用的是什么政策。宋朝人高度尊重"祖宗之法",几乎无人公开宣称祖宗做得不对。强如王安石,也只是说祖宗们也一直在修改制度和政策,没有什么是一成不变的。若要批评现时的纸币制度,引用宋仁宗天圣时期的交子制度这一"祖宗之法",则是最完美的选择。

诚如王安石所言,宋朝的祖宗们也一直在变法。不过宋仁宗时期有其特殊之处:那是一段被宋人看作黄金年代的岁月。宋仁宗赵祯被士大夫们当成皇帝的标杆,后代的皇帝与文人对他的评价也大多不错。在他的治下人才辈出,我们所熟知的政治家欧阳修、范仲淹、包拯、文彦博、韩琦、富弼,文学家曾巩、晏殊、柳永、"三苏",思想家张载、邵雍、周敦颐、程颢、程颐,一大批宋代乃至中国古代的顶尖人才活跃在宋仁宗统治时期。总体来说,当时文治昌隆、气氛宽松,国家的政治、经济都相对安稳,难怪被后人怀念和推崇。

恰好官营交子诞生于宋仁宗天圣元年,与之相关的制度属于"祖宗之法"中足可法的那一类。南宋的批评家们奉交子的天圣制度为圭臬,以其为标准撰文抨击当时东南会子制度的漏洞。

当时的东南会子存在什么问题呢?其实还是老毛病。一是无本钱、不兑现。宋廷甚至在绝大部分时段不为东南会子准备本钱,不组织、不承诺兑现,最多只是通过秤提活动调节币值。二是纸币发行量过大,币值达不到面值。

那么北宋交子就没有这些问题吗?根据我在前面的梳理可知,当然有。自收归官营之后,交子便具有了十分浓厚的财政性质,深度参与西北军需采购。官营交子本来只有"新旧相因"的三十余万贯本钱,再加上官府超额发行的运营政策,交子实际不能完全兑现。更何况,交子也屡次因多发而贬值。

但在南宋批评家的心目中,四川交子就是完美无缺的,是足以供所有其他纸币效仿的"理想模型"。真正纯粹的历史考证者极少,大部分批评家的目的还在于建言献策。如果作为圭臬的对象本身问题重重,甚至和批评对象的境遇类似,又如何用以说明问题呢?因此,交子的"天圣旧制"便在批评者带有"滤镜"的打磨之下,比实际情况更加光彩照人。当然,这反过来也说明北宋交子在南宋人心目中享有极为崇高的地位。

南宋人对北宋交子的最高评价是毫无弊病。更有甚者,认为交子直到南宋都毫无弊病。绍兴六年(1136年),朝廷试图按四川法在东南地区发行交子,但据说没有准备本钱。许多臣僚纷纷上书反对朝廷不蓄本钱的做法,其中一位上书者说:"四川交子行之几二百年,公私两利,不闻有异议者,岂非官有桩垛之钱,执交子而来者,欲钱得钱,无可疑者欤?"[①] 实际上至绍兴六年,四川交子发行不过略超百年,此人称流通"几二百年",着实夸张;而且北宋交子很难实现"欲钱得钱,无可疑者",持有者无法兑现的状况比比皆是。南宋初,钱引更是因宋金战事而增发数千万贯;与此相对,铁钱则大幅减产,根本不可能逐一兑现钱引。

还有一些批评者选择性地分隔交子制度设计与流通状态,尤其

---

① 李心传:《建炎以来系年要录》卷一百零一,绍兴六年五月乙酉,第1656页。

是切割"天圣旧制"和宋徽宗、蔡京的弊政，仿佛后者发行的纸币不是北宋交子（钱引），而是某些南宋纸币的前身。

比如湖广总领周嗣武曾在淳熙五年（1178年）上奏，建议朝廷不再多发四川钱引。他在奏疏中以"蜀中钱引自天圣间创始，每界初只一百二十五万道"这一确凿的事实开头，指明"天圣旧制"的发行量之少，后文却径直大谈南宋建炎以来的状况，几乎不涉及北宋其他时段的发行经过。周氏的行文手法渲染了近年来钱引数量的巨大增幅，有力地实现其论说目的。[①]

李纲是南宋立国之初组织抗金事业的"主心骨"，同时也是绍兴六年交子的反对者。他曾数次与时任右相张浚通信讨论交子，指出交子只能在四川较好流通，因为它与四川的地理、经济、社会条件相匹配；其他地方条件不同，交子自然难以顺利流通。又批评绍兴六年交子没有本钱支撑，注定失败。他还将绍兴六年交子的制度源头上溯至宋徽宗时期的交子（钱引），却不涉及"天圣旧制"，人为地割裂宋徽宗时期的制度与天圣制度的联系。李纲认为宋徽宗、蔡京推行的制度变革开南宋纸币乱象之先，他们二人治下的交子（钱引）更接近绍兴六年交子。[②] 这就将北宋交子制度中问题较大的部分"开除"，转而与南宋纸币归为一类了。

我们可以从南宋批评家们提出的问题，反推他们眼中北宋交子制度的优越之处。纸币的"理想模型"应该有充足的现钱作为本

---

① 佚名撰，汪圣铎点校：《宋史全文》卷二十六下，淳熙五年闰六月丁酉，第2217页。

② 李纲：《梁溪先生文集》卷一百零四《与右相乞罢行交子劄子》，四川大学古籍整理研究所编：《宋集珍本丛刊》，北京：线装书局2004年版，第37册，第197—198页；卷一百二十四《与张相公第四书》，第377—378页。

钱，且能够被即时兑现。纸币数量既然与本钱数量匹配，当然就不存在超额发行的问题了。

这样的认识有不切实际和不正确之处。例如，南宋本就缺乏现钱，又怎么可能为纸币提供足够的本钱呢？更何况，在不少批评家眼中本钱越多越好，最好能够与纸币发行量百分之百对应。这既不实际又不科学，南宋朝廷根本不可能采纳，甚至都不会以此为探路的终极目标。更何况，纸币数量与本钱数量匹配，的确貌似不会出现超额发行问题，但币值就一定不会下降吗？让我们设想一个极端的情况：南宋官方有实力，并确实铸造、储备了无限多的铜钱，以此为基础发行了无限多的纸币，恐怕纸币、铜钱都会贬值得一塌糊涂，形同废物。因为货币与商品（劳务）的数量比，才是影响货币币值更为重要的因素。换句话说，宋人的这些认识，比较符合日常生活体验，还很难称得上学理研究。

尽管有这样那样的不切实际之处和不正确之处，但北宋交子"天圣旧制"的形象在众人的助推之下却愈发高大。不仅宋朝推崇"祖宗之法"，中国古代政治大多以上古先王的三代之治为最美妙的政治理想，可见古人对于尊古、法古有特别的情结。

所以到了元、明、清，人们观念中的北宋交子仍然带有滤镜，进一步强化了南宋人关于"理想模型"的建构。只要是支持朝廷发行纸币的官员和学者，几乎无人说北宋交子的坏话。这倒不是在强调他们的认识不真实、不客观，甚至是错误的、无意义的。观念是可以发挥作用的。当社会上的所有人都认为你是好人，那么你在社会上就是好人；当一定区域内的人都使用破布、木片交易，那么破布、木片在当地就承担着货币功能。当后人都将北宋交子视作纸币制度的"理想模型"时，他们便会按照"理想模型"的机制特点去设计、改造、运作制度，从而对国计民生产生重大影响。人们把交子视为制度典范，恰恰是交子的形象能够长存，并深刻影响历史走向的决定性因素。至于"理想模型"与真实形象的差异，除了以考辨史实为己任的历史学家，大概没什么人在意。

此外，每个时代总还有一批纸币的反对者，他们笔下的交子形象不太光彩，或者更确切地说，他们认为所有纸币都不怎么样。这批人从根子上不接受纸币的原理和逻辑，分析亦多半为反对而反对，不具备深刻的学理性。他们和纸币支持者是谈不拢的。

走出宋代

今天的专业研究者分析交子相关史实的探索和运作机理，肯定较古人更为深入。我们能够褪去交子面孔上的妆容和滤镜，去探讨更为贴近北宋人笔下的交子形象；在现代理论的加持之下，对于交子的制度贡献，以及交子制度中哪些部分能成立、哪些部分有待改进的认识无疑更为清醒。当然，仍有一些理论分析基于对交子和宋代纸币制度的错误认识，比如认为任何时期、任何种类的宋代纸币性质都一样，将宋代纸币视作一个内部均一的整体；任何时期、任何种类的宋代纸币都是铜钱或铁钱的代表，能够兑现为铜钱或铁钱。持有上述认识并不总是妨碍学者说理或建构理论体系，只是替他们举错了例子稍感惋惜罢了。

现代社会科学最重大的作用之一，是更为精准地探索并呈现因果关系。交子等纸币究竟为何出现于宋朝，它们出现的背后蕴藏着哪些动因，都是当代学者特别关注并投入大量时间与智力的研究议题。过去许多研究者将交子等纸币的出现视为宋代经济特别发达的指示器，强调社会经济背景对于宋代纸币的支撑作用。今天的研究者则日渐注意到国家财政的巨大影响力。从本书前面各章的叙述来看，国家财政在交子的演进历程中几乎从未缺位。哪怕在十六富户主导发行的时期，成都地方官府也向他们开出了与财政相关的发行条件。我这几年的研究便是试图在国家财政的框架下探讨货币的演进脉络，以及货币流通中出现的变化又如何反过来影响国家财政。毕竟，交子等纸币都不是为了顺应所谓经济发展脉络、所谓经济形态变化"从天而降"自然出现的，它们都是宋人为了解决某些具体的经济、财政问题而投放于特定历史场景之中的产物。

交子的得失成败前文已经叙述和总结很多了。本书的文字站在今人的立场，无意为宋人总结、向宋人说教。回过头来思考，交子带给我们最大的贡献是什么？或者说，交子的哪个层面让我们感觉它和其他国家、其他时段——特别是西欧近代以来——的纸币不一样？

我想，交子最重要的贡献是让我们看到了纸币发展还可以有一种不同于西欧历史的可能性。谁来主导纸币发行、什么保障纸币币值、纸币通过什么途径发行—回笼、纸币主要承担哪些职能，如果仔细体会便可发现，中西纸币的共同之处绝少。可以说是你往西走，我往东走，双方各绕地球半圈终于有了交叉点。

交子官营之后，财政属性变为首要属性，国家财政的运作以及官方超经济强制力成为保障交子运行的决定性因素。宋廷以交子为媒介，通过财政征调和购买活动调配国家财政资源，并在财政收入小于支出时通过超额发行交子筹资。看起来财政购买活动需要由商人配合完成，是官方和商人做生意的市场行为。但其实，商人能够出售什么物品、能够获得什么货币和物品，能够通过什么路线和途径交易，甚至交易价格如何，都不是单纯由市场决定的。我在此处稍显武断地下一个判断：宋代财政购买活动中的上述要素由官方决定，由市场（供需）调节。如果交子等宋代纸币继续在这样的场景下流通，它们最终将会变成何种样貌？我想肯定与西欧发展脉络下形成的纸币大相径庭。随着宋代纸币贬值，其币值更适用于普通民众的日常零碎交易，更为优质和稳定的金属铸币亦被纸币挤出流通领域，人们更愿意将金属铸币窖藏起来作为"存款"，或干脆高价卖给"求币若渴"的海外国家。纸币愈发渗透至一般民众的日常生活中，流通的深度和广度都大幅提高。到了南宋后期，纸币在经济社会中的作用十有八九要强于铜钱。在纸币贬值到足够程度后，铜钱就连小额日常交易这块"基本盘"都让了出去。也就是说，宋代纸币流通的拓展是随着财政活动，以及财政活动导致的货币变动而产生的。与介绍西欧纸币时往往强调金融不同，介绍宋代纸币时则必须充分认识到国家财政的巨大作用。由此本书"引子"抛出的话题或许能够得到一个解释：交子等宋代纸币与西欧纸币走在不同的发展道路上，二者除了都以纸作为材料外，相似点实在不多。如果专著和教科书更重视西欧纸币的发展脉络，自然无法妥帖地让宋代纸币融入其中，而只能泛泛地提一句宋代交子是世界上最早的纸币，或是介绍一遍交子的"生平"便了事。

至于私营交子，当然是交子演进历程中不可分割的部分，却不是唯一体现交子功能和性质的那一部分。

追寻最佳货币

至此，本书终于来到了难以回答，却又引人好奇、令人遐想联翩的"最终"问题：什么是最佳货币？有没有最佳货币？

不论古今中外，人们一直在曲折中探索更好的货币形式。这里面将导致各个文明产生发展路径分歧的要点是，什么是好、对谁好才算好。当然有一些相对而言共同的好，比如更轻便、面额设置更为合理以利于充当支付（交易）工具；更稳定、更精确以便于核算估价。熟悉货币史的朋友可能觉得货币发展到今天的程度就是以追求这两个目标为动力，不必说什么"相对而言"。然而历史的复杂程度往往让电视剧和小说都相形见绌。在某些历史时期，在某些地域，人们并不一定追求这两个目标。更好的支付工具与更好的价值尺度这两个目标也许相互矛盾；甚至为了实现某些特定的目的，做出一些今人看来"逆行"的决定。只不过货币发展至今，从整体上看大致的确在向这两个目标靠拢。

各个文明之所以会产生路径分歧，主要是受到很多因素的影响，例如经济禀赋、宗教文化、"祖宗之法"（即老祖宗最开始偶然的做法）、政治体制，每一个因素都值得写几篇大文章或专著来阐述。这些因素有许多是由自然界决定的，或者是偶然性的产物。此外，各个文明、各个群体不同的需求也是十分重要的一个方面。假如我是一个大商人，我会希望手中的货币能够准确而稳定地代表我的财富，无论在支付工具还是价值尺度层面都便于我的贸易活动，同时尽量少地受到超经济强制力的影响，让生意上的事情都由生意来解决。假如我是财政部门的官员，我当然希望货币能够成为贯彻落实自己部门政策的工具，尽量少地受到民间票据、外国货币以及其他部门的影响。一个外向型经济国家，希望本国货币能够成为全球最便于交易的货币，从而将本国的经济触角伸展到全球各地。一个内向型经济国家，则希望维护好本国货币的主权，有利于强势地走自己的路。

谁对谁错、孰优孰劣？很难讲。就像十六富户主办的民营交子和朝廷主导的官营交子，究竟哪一种更为优秀，代表了先进货币的发展方向，其实真的很难判断。无论如何，宋代和任何其他时代的人们都在追寻更适合自己需求的货币。而哪一种需求将会占据上风，在一个国家、一个文明乃至全世界中成为最重要的需求，恐怕不是货币自己所能决定的。货币终究是工具，而不是目的。我们要做的，便是拭目以待。

附录一
交子的争议

关于中国第一张纸币的研究可以追溯到民国以前，然而由于当时中国局势动荡不安，尚无良好的学术考古条件，同时西方列强掠夺了许多中国的珍奇文物和历史文献，因此一些信息在中国的完整性受到了影响。世界上第一张纸币诞生于中国，其中以北宋时期的交子最广为人知，但是具有考古价值的古物却鲜见。民国时期出现的交子拓片引发了钱币界的关注。但由于关于交子的文献记载有限，许多学术研究者长期以来都在不断寻找有关交子的各种论证，例如私交子出现的时间、交子诞生地等。金融博物馆团队在多年的时间里也一直在积极寻求这些答案。

交子原版拓片的发现

位于东京桥本石町的日本银行货币博物馆，展示着来自中国的一张北宋纸币和其拓片。拓片的由来一直有很多的争议。已公开的文献资料显示，北宋交子拓片是民国时期著名教育家、学者萧子升发现的。1932年春天，萧子升回到湖南湘乡县同风乡桃坞塘故园，看望小时候照顾他的姑姑。在此期间，姑父为他展示了一本《清册》，里面记录了很多古籍、古物，其中一块竖五寸二分、幅二寸、厚约一分的印版引起了萧子升的兴趣，板框内第一栏十枚缗钱，第二栏内"除四川外许于诸路州县公私从便主管并同见钱七百七十陌流转行使"29字，第三栏内屋木人物。萧子升连续工作了数个晚上，不断地查阅藏书中的资料，认为这是北宋交子印版。他询问印版来源，得到的答复是来自姑丈的先祖父蔚卿公，他是一位老湘营武转文四品官员，于清朝同光年间驻扎陇西某荒庙时偶获于神仓。据此，萧子升又进一步分析推断，这个印版应该是北宋年间四川成都发行至各路州县的实物原件，后来流传至陇西。

萧子升曾在法国和瑞士创立中国国际图书馆，从事文化和学术活动，曾任联合国教科文组织驻巴黎办事处亚洲新闻组组长。民间传言萧子升偷走了故宫文物"金鸭婆"，但没有证据支持这一说法。此事对萧子升的声誉造成了影响，对于一些人对萧家收藏的指责，萧子升采取了否认和沉默的态度，决定不予回应，并表示"百年自有公道"。但迫于舆论压力，也为了转移公众话题，他向好友萧举规和萧克琳征求意见，希望将北宋纸币的照片、拓片和印片售卖。他们在前往长沙市途中，遇到一个在中国做生意的日本人，但他的中文不好，萧举规和萧克琳便帮助他翻译，促成了几单交易，后来在喝茶交流过程中，他们与日本商人谈论古代钱币的收藏，展示了北宋交子的照片、拓片和印片。这引起了对方重视，双方便开始讨论起买卖事宜。他们谎称这些钱币是在山西省城的旧书摊购得，实际上是为了转移视线，帮助消除"金鸭婆"事件的麻烦。

萧子升发现和售卖交子印版这件事是2012年易邵白、易钛、赵华强三位撰写的文章所讲。但很多历史专家对北宋交子图案的真伪一直在辩论，其中不乏对纸币图案、文字描述等方面的论证，因缺乏相关历史文献证据，无法得出确切的结论。

有关交子诞生地的争议

在早期讨论中，对交子的诞生地曾有过很多争议。毫无疑问，中国是世界上第一张纸币——交子的诞生地，但是关于交子的诞生地究竟是成都还是其他地方，学术界一直没有定论。交子经历了从私交子到官交子的发展过程，其中私交子又经历了"民之所自为"和"富民十六户主之"两个阶段。关于宋代交子的具体诞生地，有一种说法认为是在成都的椒子街，该街位于旧成都城东门外府河对岸与芷泉街相连的、被称为成都"外东"的地带。关于椒子街得名的原因，也存在不同的说法。一说认为该街是宋代交子铺户较多的地方，因此以谐音得名椒子街；另一种说法认为该街内原有一棵油楠树，其籽名山胡椒，可以入药，故得名椒子街。虽然有学者认为，李劼人先生所述的东门外椒子街就是五代时蜀国制造交子的地方，但并没有确凿的证据支持这种说法。陶亮生在《成都名街琐记》中也提到，椒子街因处在进出成都的咽喉位置，钱庄较多，招商旅店不少，使用交子普及，故得名交子街。历史上是否有"交子街"的称呼，目前尚未找到史料支撑。

还有一种看法认为，交子诞生在通锦桥附近，交子的印刷地在通锦桥铁道部第二勘察设计院（即宋代净因寺所在地）。但根据已有资料，宋代位于成都城西门外的名刹净因寺，在官交子诞生140年后与抄纸场有过间接关系，而抄纸场只造纸不印币，尚未见到净因寺是交子诞生地的记载。

最后一种看法则推断官交子最初可能由交子务在益州衙署制发，并经过交子务印记和益州观察使印记的加盖才成为法定纸币。因此，可以认为交子务是官交子的诞生地之一。然而，最初的交子务设在成都府衙署的具体位置，目前也需要更确切的史料验证。

以上说法和推测都缺乏确凿的证据证明哪里是交子的真正诞生地。但交子作为世界上第一张纸币，发行于中国成都，对于货币发展的历史有着重要的意义。

交子诞生日期的确认

交子作为第一张纸币，是中国乃至全球金融业最重要的创新之一。历史上，关于四川交子的起源时间，不同的历史文献和研究者有不同的说法。在2018年筹备天府四川金融博物馆期间，博物馆策展团队花费大量人力、物力对交子相关的资料进行考证，交子诞生日期考证是其他内容所用时间的几倍之多。官交子的时间有历史资料支持，也比较明确。私交子出现的时间，相关历史资料记载了四川本地的十六家富户组织并开始运营交子的史实，但并未有明确的时间记载。

《宋史》卷一百八十一记载了宋神宗熙宁五年（1072年）第二十二界交子开始换界。这表明在熙宁五年之前，交子已经开始发行并在流通中使用了。同时，《宋史》还记载了宋真宗时期张咏镇蜀，设质剂之法一事，称"六十五年为二十二界，谓之交子"，意思是交子从第一界到第二十二界共用了65年。如果以张咏设质剂法每三年为一界来计算，那么第一界交子的诞生时间应该在真宗景德四年（1007年）前后。但这并不能完全证明张咏设质剂法的时间就是交子诞生的时间，因为交子的发行可能还有其他的渠道和方式，张咏设质剂法只是其中一种。实际上，学界对张咏是否真的创造过所谓的质剂法也有许多不同的看法。

除了《宋史》之外，其他的历史文献和研究者也有不同的说法。例如，刘森在《宋金纸币史》一书中提出了四种不同的观点，其中一种认为交子产生于太宗至道元年至真宗景德二年，以《续资治通鉴长编》景德二年二月庚辰条的记载为依据；另一种认为交子诞生于真宗朝，以《宋会要辑稿·食货》一一钱法中记载为依据。这些不同的说法表明，交子的起源时间确实在学术界辩论了许久。

交子的产生是一个由民间自发形成的过程，经历了纸币逐步替代铸币在商品交易中使用，到朝廷介入纸币的发行和流通的过程。因此，对于交子产生的时间存在不同说法的重要原因，是对"交子"的定义不统一。如果将"交子"的产生视作这种楮券形式的媒介在商品贸易中的初次使用，则多数史料都曾记载了这一阶段，但无论是官方史籍文献还是时人笔记都没有明确的时间记载。如果将官营交子的诞生视为交子发展过程中的关键节点，则宋人明确记载了官营交子的产生，即宋仁宗天圣元年置益州交子务。

在天府四川金融博物馆建馆两年之际，举办了交子诞生日考证讨论会。金融博物馆研究员金纲老师为准备这次会议，专门进行了独立考证。他以《续资治通鉴长编》的记载为依据进行论证，史料记载了蜀民在宋太宗时期开始使用私人发行的交子，用作贸易和货币交换的便利工具。随着时间推移，私人交子逐渐失去了信用和价值，导致争讼频繁发生。在此之后，转运使薛田向朝廷建议建立官办交子系统，以便于监管和稳定经济。经过多次讨论，仁宗接受了薛田的建议，下诏开始设立"交子务"。据史书记载，这一诏令是在天圣元年十一月戊午日发布的。天圣元年为公元1023年，十一月后期为1024年，这个月的戊午日即1024年1月12日。因此，可以认为这一天是中国官办交子的创始之日。宋史学者吴钩和历史作家张宏杰也分别进行了独立考证，二人均支持1024年1月12日为交子务建立日，也就是官交子的正式发行日。

2023年3月，由中国钱币学会主办的"纪念纸币诞生1000年学术会议暨中国钱币学会学术年会"在成都举行。会议旨在讨论交子诞生的时间、性质和意义等受到学界和社会关注的议题。与会代表进行了广泛的讨论和求证，最终达成了《成都会议共识》。《成都会议共识》认为，交子诞生于中国北宋时期，具体地点是成都，与会代表一致认为交子是被世界广泛承认的最早纸币形式，是古代中国的一项伟大发明。交子诞生的确切日期以设立益州交子务的时间为准，即天圣元年十一月二十八日（1024年1月12日）。

鉴于此，天府四川金融博物馆正式将每年的 1 月 12 日定为官方交子诞生纪念日，并继续举办交子节等相关活动，以纪念这一重要历史时刻。这一共识的达成进一步强调了交子在纸币历史上的关键地位，同时也突显了中国古代创新精神和经济文化的独特价值。

大宋交子碑与交子申遗

作为成都和四川最重要的金融品牌之一，天府四川金融博物馆团队积极参加、组织相关学术活动，不断为民众进行金融知识启蒙。2013 年中国金融教育发展基金会年会期间，王巍理事长建议在成都设立交子博物馆，将其打造成全国金融业文化品牌。不久，成都锦江区和成华区主要领导专程到北京考察金融博物馆，讨论合作事宜。

2019 年 5 月 18 日，天府四川金融博物馆在成都成华区正式创建。次年 1 月 12 日，天府四川金融博物馆和中国钱币博物馆联合发起首届博物馆交子学术论坛暨"交子节"，并在北京、四川、浙江三地直播发起仪式现场盛况。中国人民银行原副行长马德伦先生专门为论坛发来致辞。2021 年 1 月 12 日，在成都成华区金融博物馆广场上举行了"大宋交子碑"揭幕仪式。金融博物馆理事长王巍、中国钱币博物馆馆长周卫荣、著名经济学者朱嘉明和宋史专家金纲联名铭刻纪念碑文。

附图1-1 "大宋交子碑"正反两面实拍照片

大宋交子碑文

作者：金纲

交子，乃古人以纸币行市场交易之先驱，凭信用为金融根基之嚆矢，文明之义大矣，足与造纸、印刷、火药及司南等吾土发明同辉！

宋太宗至道元年（995年），川商始以纸币行贸易事，史称"私交子"。然限于地方，又屡失信用，致争讼不已。真宗景德二年（1005年），张咏守川，置私交子于官府监管，意在息讼。然讼犹不止，逮寇瑊主政川中，拟废交子，故"诱劝交子户王昌懿等，令收闭交子铺"。而朝廷亦有废交子之议矣。后薛田两度于川中为官，深谙纸币之利害，乃与四川转运使张若谷共议"若废交子不复用，则贸易非便",但请"官为置务,禁民私造",又悉心完善交子运行之法理,复请官府设适用准备金。仁宗于天圣元年十一月戊午日(1024年1月12日)"诏从其请,始置益州交子务"。

自此,交子始具便利市场周转之交易定价与储蓄功效,大行于四川内外,历近四百年,或仆或起,及明初方衰。再百年后方有欧罗巴纸币渐行于世。交子之嘉惠人类明矣。

王巍约旧雨名家共议设立"交子节",其事体大,其理义深。宋人已滥觞于前,吾辈当绍述于后,愿共襄创举,乃撰文立碑于交子发源之地成都,俾世人知节日之原委、先贤之荣光、今人之礼敬也。

公元二〇二一年一月十二日立

金融学者　王　巍
货币学者　周卫荣
经济学者　朱嘉明
宋史学者　金　纲

在首届博物馆交子学术论坛上的致辞

尊敬的各位来宾，各位朋友：

大家好！

今天，大家在这里共同探讨世界上最早发行的纸币——交子，有着深刻的历史意义和现实意义。

交子在1000年前出现，是经济发展的必然。北宋时代，中国经济发达，商业繁荣，对现金的需求旺盛。交子由商业信用凭证而脱变为法定货币，弥补了流通中现金不足，进一步促进了商业，促进了经济发展。

交子在四川出现，证实了四川人物阜民丰和民风淳朴，证实了中国古人的重信守诺。

纸币基于信用之证明，信用是纸币的支撑。

交子在中国出现，是中国人民的智慧创造，是中华文明对人类文明的一个贡献，是经济信用史上的一次成功实践。

今天，我们探讨交子，依然给我们很多启示：

一是纸币基金银行经济活动都要有发展、同时，也要合乎而守之信用和条款。这为现代经济服务，才有生命力。

二是金融业按照资本运作个体经济活动都要基于信守信用，并且应成成为自觉。

讲信用不仅基于道德，更基于规则，基于法律。把每一次信用活动都纳入到规则中，法律之内、监督之下，使每个市场主体都得到监督，信用活动才能健康发展。

谢谢大家！

附图 1-2 中国人民银行原副行长马德伦为首届交子学术论坛致辞

附图1-3　各界金融人士打卡"大宋交子碑"

注：2021年7月16日，中国银行四川分行一行与交子碑合影留念。

附图1-4　首届博物馆交子学术论坛暨"交子节"发起仪式现场

时任四川省政协副主席、省地方金融监督管理局局长欧阳泽华正式在2021年全国政协会议上提交《推广宋代交子货币文化的建议》的提案，建议以交子申遗，创办"交子节"，将"交子"列入教材，获得了16位全国政协委员的支持。

参考文献：

[1] 易邵白，易钛，赵华强.日本奥平昌洪《东亚钱志》"宋交子"文所插图片来龙去脉[J].东方收藏，2012（06）：107-109.

[2] 刘红影.关于"北宋纸币铜板拓片"的探究活动[J].中学历史教学参考，2018（23）：61-64.

[3] 揭开世界第一张纸币诞生地之谜[J].中国金融家，2008（05）：112.

[4] 王俊."世界第一张纸币——'官交子'诞生地学术研讨会"综述[J].中国钱币，2006（03）：94.DOI:10.13850/j.cnki.chinum.2006.03.034.

[5] 胡昭曦.宋代交子具体诞生地探考杂识[J].四川大学学报（哲学社会科学版），2006（04）：39-44.

[6] 罗天云，邓中殊.成都净众寺是世界最早纸币——交子的诞生地[J].文史杂志，2006（04）：18-21.

[7] 罗天云，陈益刚.世界第一张纸币"官交子"诞生地学术研讨会观点综述[J].西南金融，2006（05）：61-62.

[8] 纪念纸币诞生1000年学术会议暨中国钱币学会学术年会论文汇编，中国钱币学会·成都，2023年3月.

[9] 韩莹.《全宋笔记》两宋纸币史料辑述[D].东北师范大学，2021.DOI:10.27011/d.cnki.gdbsu.2021.001340.

[10] 罗天云，邓中殊.北宋前期交子诞生的历史必然性及创新发展研究[J].西南金融，2015（08）：72-76.

[11] 中国纸币诞生记[J].财富时代，2019（04）：92-95.

[12] 2021年，天府四川金融博物馆和中国钱币博物馆遂联合发起首届"交子学术论坛"。

[13] "纪念纸币诞生1000年学术会议暨中国钱币学会学术年会"在蓉召开，中国人民银行成都分行。

附录二
金融博物馆简介

2010年6月9日天津金融博物馆创建，运用声、光、电、影、物等多种手段，以传统与现代多元化视角生动展现金融历史上的重要人物、事件和观念的演化轨迹，发现历史，定位当下，参与未来，创造所在城市的金融文化地标。苏州基金博物馆（2011）、井冈山革命金融博物馆（2018）、上海科技金融博物馆（2019）、天府四川金融博物馆（成都，2019）、中原金融博物馆（郑州，2019）和重庆金融博物馆（2021）等陆续开业，同时参与创建了香港金融博物馆（2018）。此外，因场地调整，国际金融博物馆（北京，2012）、互联网金融博物馆（北京，2015）、并购博物馆（上海，2016）、东北金融博物馆（沈阳，2016）和宁波保险博物馆（2019）改为线上运营。所有博物馆均是公益运营，对社会公众免费开放。

截至2023年12月，博物馆访客累计已超过465万人。包括多位国内外领导人、著名学者、知名企业家、诺贝尔经济学奖得主以及各国驻华大使也到馆参观。

金融博物馆在全国各地举办了超800场"金融大讲堂"、"读书会"、"江湖沙龙"和"下午茶"等品牌活动，超过40万人现场与嘉宾交流，几千万人通过主流传媒参与互动。博物馆颁发的金融启蒙贡献奖和金融文化遗产计划正在成为具有广泛影响力的业界标识。

博物馆举办了"百年革命，红色金融""打击非法集资和金融诈骗""中英金融史""美联储的100年""社会集资与金融安全""我的住宅我的金融""女性与金融""科技金融展"等几十个专题展，并在全国巡展。数百家金融机构、企业和大学在博物馆内举办年会、论坛和庆典活动。博物馆与"一行两会"金融监管部门和各地政府联合创建"投资者教育基地"和"金融培训基地"等，成为从业人员和创业者金融启蒙和职业提升的重要平台。博物馆积极推动"并购交易师"、"金融科技"以及"财商"的认证培训，参与颁发并购专项奖、基金业奖和金融科技创新奖等获得业界广泛认知的奖项。

博物馆加入了拥有28家来自不同国家和地区理事成员的全球金融博物馆协会（IFFM），并担任2015—2017年度联席主席。博物馆主办的金融启蒙年会、并购基金年会、金融藏品博览会和金融马拉松等已经成为业界品牌。

博物馆近年来获得中国政府、民间传媒和境外机构颁发的一系列专项奖项，在金融、商业、历史和艺术领域产生了广泛的影响。2020年6月举办的博物馆十周年线上庆典，285万人参与。

金融是我们的朋友，金融让我们人身安全、财务自由、体验快乐。发现历史、定位当下、参与未来，是金融博物馆的使命。欢迎社会各界与博物馆联系，建立战略联盟，共同推动中国金融启蒙、金融普惠和金融创新发展，提升中国金融安全能力，巩固国家核心竞争力。